有趣的科学探案手册

河马 著

科学普及出版社
·北 京·

图书在版编目（CIP）数据

有趣的科学探案手册 / 河马著 .
— 北京 ：科学普及出版社，2014
ISBN 978-7-110-08081-8

Ⅰ．①有… Ⅱ．①河… Ⅲ．①科学知识－青年读物②科学知识－少年读物 Ⅳ．① Z228.2

中国版本图书馆 CIP 数据核字 (2013) 第 031833 号

出 版 人　苏　青
策划编辑　肖　叶
责任编辑　胡　萍　郭　璟
封面设计　敖　德
责任校对　林　华
责任印刷　马宇晨
法律顾问　宋润君

科学普及出版社出版
北京市海淀区中关村南大街 16 号　邮编：100081
电话：010-62173865　传真：010-62179148
http：//www.cspbooks.com.cn
科学普及出版社出版发行
鸿博昊天科技有限公司印刷
*
开本：630 毫米 ×870 毫米　1/16　印张：17.25　字数：304 千字
2014 年 8 月第 1 版　2014 年 8 月第 1 次印刷
ISBN　978-7-110-08081-8/Z・191
印数：1-10000 册　定价：25.80 元

缘由

这还是多年以前的事情，有一天，朋友们相约驾车去远游。路途中，当我摆开架势开聊侦探小说的时候，只听后脑勺方位传来一阵阵窃笑。不好！根据长期的经验，这往往表明是遇到行家里手了。也就是因为读书、迷书，才和河马这样的“书痴”有了更多的交往。

就侦探探案方面来说，河马与我热衷于不同的侧面。工学学士出身的我，着迷于思辩型的逻辑排查和推理类的侦探小说，而文学学士出身的河马，却更加专注于科学探案类的，靠技术解决问题的侦探小说和影视类作品。所以，摆起“龙门阵”的时候，我们基本不会有太多的“冲突”。

在一次茶足饭饱之后，我俩突发奇想，约定联手写一本有关侦探科学和科学探案的手册。可是几个月后，我还没动笔写出一个字呢，河马就一口气抛出了两三万字的东西。好吧，我们只好再次约定，就让河马负责的部分先和读者见面吧。于是，就有了大家面前这本近10万字的书。

书名

既然叫做《有趣的科学探案手册》，这本书本应以类似手册的模式展开写，但文科出身的河马，完全不按通常工程手册类的规范来整合内容，即使是每个小词条、小条目都具有故事性强、可读性强的颠覆性特征。对于期望能由此获得探案“科学”入门基础的读者来说，倒不失为一本带你入行入道的案头手册。

内容

对于深谙侦探小说的人来说，欣赏推理探案类的作品，需要有相当的文化和科学知识作为积淀，这一点跟阅读一般的文学作品有所不同。优秀的侦探小说创作者，就有如作品的“上帝”。他们通盘掌握案件发生的起因、过程和结局，因为故事本身就是作家设计出来的嘛。但对于读者来说，阅读一本侦探推理小说，相当于受邀加入一次脑力游戏，需要和作家“斗志斗勇”！作家倚借的是巧妙的故事背景铺设和循序渐进的情节推动，读者要做的是收集、整理线索和疑点，根据逻辑和时序的错位拆解谜团。双方凭借同样的文化背景和科学知识，以及人性特点作为依据，来参与整个博弈过程。这对写作者和阅读者双方来说，都不是一件容易的事。

因此，河马的这本书针对少年儿童的心理特点，穷尽多年的积累，将经典侦探小说中经常出现的通识点，进行了梳理分类。这些内容，甚至对迷恋侦探推理作品(包括小说和影视作品)的成年人，都会有所启发。该书内容之博杂，真有那种“不看不知道，一看吓一跳”的感觉。

邀约

大家手上的这本手册，请不要把它看成是终结版，而是可以理解成是刚刚搭起的架构——一种开放的框架，请大家一起来填充。

如果你也是同好，欢迎前来一起探讨。

微博地址：http://weibo.com/heimao0504

知名儿童阅读推广人　萝卜探长

2014 年 3 月

目录

第一部分
你也可以成为福尔摩斯

普通人也可以成为合格侦探

你是不是把侦探看成特别神秘的职业了？你是不是觉得要当侦探难于上青天？其实，告诉你一个秘密，只要掌握了足够的技巧，即使是普通人，也有可能成为合格的侦探哟！

一、侦探的三种能力

成为侦探必须具备的三种能力——搜集信息的能力、分析处理信息的能力、行动能力。想成为一个像福尔摩斯那样的超级侦探，以上三种能力缺一不可。

为什么缺一不可呢？

破案的所有线索都来自搜集到的信息，这些信息大都错综复杂，像一团乱麻。但是如果有能力对这些信息加以分析提纯，就可以得到线索；将线索再次整合提纯，才可能获得证据。有了足够的证据，可以抓坏人了，这时还必须具有行动能力。具备了以上三种能力的侦探才能称得上近乎于完美。

下面我们依次谈谈三种能力。

1. 搜集信息的能力

什么是信息？

信息可以是任何东西，存在于任何地方：风中传来的涡轮发动机的轰鸣声、一个看似漫不经心的眼神、手掌粗糙的触感、空房间里残留的香水味、饮料里不同寻常的甜味……它们都是信息。

对信息加以提纯，就是线索。线索再加以提纯，就是证据。看来，侦探搜集信息时的工作真是“拉大网，捕小鱼”啊！

在一些人看来，搜集信息不是一件太难的事情，但是如果希望自己搜集的信息可以用于帮助破案，就需要有优于普通人的敏锐观察力了。

让我们以福尔摩斯和华生为例来解说一下吧。

福尔摩斯案例分析

在《身份案》中，福尔摩斯请华生描述一下来访姑娘的外表，华生仔细地描述了姑娘的体态与气派，还有草帽、短外套、上衣的颜色和装饰，他还说出右手手套的指尖有磨损的细节。

这段描述得到了福尔摩斯的赞赏，但是他仍然说华生遗漏了所有重要的东西。让我们来看看福尔摩斯看到了什么吧：

“老兄，你绝不可依靠一般印象，而要集中注意细节。我首先着眼的总是女人的袖子。看一个男人，也许以首先观察他裤子的膝部为好。像你看到的那样，这个女人的袖子上有长毛绒，这是透露痕迹最有用的材料。手腕再往上一点的两条纹路是打字员压着桌子的地方，看来十分明显。手摇式的缝纫机也会留下类似的痕迹，不过是在左臂上，离开大拇指最远的一边，而不是像打字痕迹那样正好横过最阔的部分。然后看一看她的脸，鼻梁两边都有夹鼻眼镜留下的凹痕，我大胆提出近视和打字这两种说法，这似乎使她感到惊奇……

尽管她穿着两只靴子，但实际上却不是一双。一只靴尖上有带花纹的皮包头，另一只却没有。一只靴子的五个扣子中只扣了下面两个，而另一只则扣上第一、第三和第五个扣子。喏，当你看见一位青年妇女，穿戴得很整洁，但出门时却穿着不是一双的靴子，靴上扣子只扣上一半，那说明她离家时非常匆忙……”

瞧瞧，表面上，福尔摩斯看到的东西华生也看到了，但是福尔摩斯的眼睛注意到的细节多出华生数倍，这就是超级敏锐的观察力。

除了敏锐的观察力，还要具备好奇心，对任何事都没有兴趣的人是不可能具备搜集信息的能力的。

案例分析

上海曾有一名中学生在放学乘地铁的路上遇见一件突发事件。没有任何征兆，一名年轻男子突然躺倒在地，浑身抽搐，呼吸困难，手里还攥着一块没有啃完的花生口味的士力架巧克力。车厢里的人顿时乱成一团，好几个人大惊小怪地嚷着："死人啦！杀人啦！"虽然这名中学生不具备急救知识，但他还是凑过去蹲了下来，观察这个小伙子，摸摸他的皮肤，闻了闻他嘴角的白沫，还掰开他的嘴往里看了看。

车到站了，急救人员赶来把小伙子抬走，中学生凑过去说："会不会是对士力架里的花生过敏呢？我看他的喉咙都肿起来了。"

事后，小伙子得救了，大家才知道，他一时走神，误买了花生口味的士力架，而他对花生过敏！所以吃下没多久就产生了剧烈的过敏反应。

同学们都问那个学生他是怎么知道花生过敏这种事的，他说自己从小学时就一直对破案的故事感兴趣，久而久之，就到图书馆里查各种图书，连法医类的书都不放过，他说："你们知道吗？在美国，每年死于过敏的人比死于谋杀的人还多呢！"

长期对某一件事物怀有好奇心，就像风总会鼓动起风帆一样，会推动你不断地向其靠拢，迟早会因好奇心而成为专家。不要担心自己好奇的事物实在太多，也不要担心自己会分心，见多识广是成为大侦探的另一个必要条件。你可曾见过福尔摩斯少见多怪的样子吗？

想要不少见多怪，就要**不断扩充自己的内存啦！**

真正认真的侦探，一定会把自己寻觅到的，甚至道听途说的人和事记录下来。东西多了，脑子记不了那么多，就把它们记到笔记本上。这些东西可以是有关刑侦科学的最新信息和案例，也可以是大众目前最为关心的食品卫生的问题，甚至还可能是媒体最为热衷的演艺圈丑闻。不要担心自己会变得太琐碎、太无聊，因为有的时候，线索会来自意想不到的地方，那些在脑海里和笔记本上记录下来的东西说不定什么时候就能派上用场。

顺便说一句，大侦探福尔摩斯家里就堆满了这类笔记本，他尚且如此，我们实在没有理由不这么做。

要向福尔摩斯学习！搜集信息 = 搜集线索！

搜集信息时要注意些什么呢？

正式办案的时候，侦探唯一需要做到的就是事无巨细地去问，去记，不能武断地认为什么东西没有必要就可以不问、不记。

受害人的亲友、敌人、邻居、同事，还有那些可能会上门的门卫、保安、维修、快递员、清洁人员，你都要问。总之，爱他的、恨他的，还有和他关系不好不坏的人，侦探都要问到。问他们在什么时间、什么地点、看到了什么、听到了什么，还要把这些人说的话，全记下来。

让警察们纠结的是，有的时候，这些东拉西扯完全是一团迷雾，害大家白白浪费了许多时间，却一无所获。但如果没有问，就可能什么都得不到。

请看下面的例子。

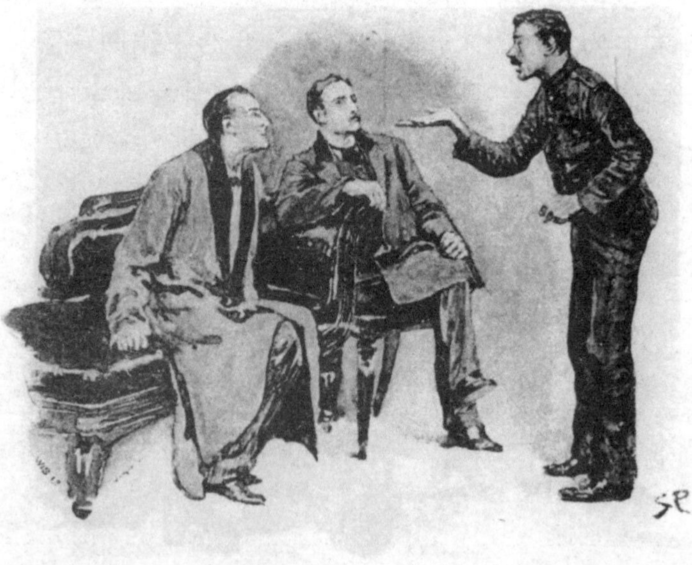

案例分析

20世纪，纽约的一所公寓里发生了一起血案，被害人是名女性，平时很少与人往来。警长和他的手下搜集了很多证词，调查了所有可疑的人，发现被害人的男友曾威胁过她，但仔细调查后却发现，他有充分的不在场证明。无奈之下，警长再次翻阅询问记录，突然发现以前被大家忽略的线索：一个居住在被害人隔壁的邻居曾抱怨说，在被害人被害前一段时间，她在自己家门外经常听到一种奇怪的声音，就像是有条狗在门外嗅探似的。可是公寓楼并不允许养狗啊！所以她的证词没有受到询问警察的重视，但是他还是遵循规定，把这段话记录了下来。

警长在重新审视这段记录后，派人重新调查被害人的亲友，结果发现被害人有一个男同事养了一条狗，与他形影不离。警察把这个男同事的照片拿给门卫和邻居们看，结果有人辨认出在被害人被害之前他曾数次出入公寓。

最后，在警察的询问下，这个男同事终于承认自己曾与被害人交往过一段时间，被害人提出分手后，他曾数次威胁被害人，最终下了毒手。

要是警察没有询问邻居，要是警长最终没有注意到这条被忽略的线索，这个案子恐怕就变成无头案啦！

这就是看似无用的信息也可以成为破案线索的典型案例。

2. 收集信息之后，分析处理信息的能力就要上阵了

除了拥有能够搜集海量信息的敏锐观察力，侦探还要对自己所搜集来的信息进行推测，得出合理的结论。用福尔摩斯的话来说，这种方式就是“演绎法”，实际上也就是分析处理信息的能力。

还是来看福尔摩斯和华生在《修道院公学》里的例子吧：

福尔摩斯案例分析

在《修道院公学》这个故事里，福尔摩斯带着华生在沼泽地追踪自行车的痕迹，但是，他们除了发现德语教师的尸体外，几乎一无所得。在沮丧中，福尔摩斯忽然意识到，在追踪的过程中，他们一路上看到很多牛蹄印，但是他自己也好，华生也好，谁也没有看见田野里有牛。再回忆一下，福尔摩斯把自己所见的牛蹄印排列了一番，然后对华生说：

“只能说这是一头怪牛，又走，又跑，又飞驰。”华生还是没明白，但是福尔摩斯已经意识到自己见识了一场很高明的骗局。原来，诱拐孩子的人用牛蹄形状的蹄铁钉在了马蹄子上面，迷惑了福尔摩斯。但是，骗局只能迷惑他一时，不会永远迷惑他，因为，福尔摩斯的观察能力和推测能力结合在一起所做的推理是无敌的。

福尔摩斯从华生的金表推论出他哥哥酗酒潦倒而死也是极好的演绎法的实例。

福尔摩斯式的演绎法最擅长从各种看似不相干的信息中发现它们之间的关联，然后把那些各自独立的信息剔除出去，留作备用。

侦探在分析处理时，要能够多向思维，不能只钻一个方向。一个方向走不通，就换一个方向再走，干侦探这活儿，“钻牛角尖”是万万不行的。分析被害人的时候，侦探要站在被害人的角度分析问题，如果站在被害人的角度找不到嫌疑犯的话，就换位思考，站在行凶者的角度分析，或者站在旁观者的角度分析，直到找到真正的疑犯为止。总之，脑筋灵活才能更好地分析处理信息。

案例分析

在处理一起用汽车进行的绑架案当中，警察一直在询问各种目击者，可是这些目击者的证词各不相同，在他们口中，汽车的颜色和型号各不相同，更别提汽车牌照了。这个时候，有个警察提出，可以调出附近银行提款机的摄像记录来察看。果然，摄像机的背景里有涉案汽车的图像，在对图像进行处理后，警察们顺利得到了汽车的牌号。

虽然我们提倡灵活分析问题，但是在进行分析的时候，侦探必须能专注手头的工作，绝不分心。干活时“蜻蜓点水”是万万要不得的。

分析处理信息的能力实际是一种综合能力，它多少有点来自于天分，但是锻炼确实可以使人拥有这种能力。不过，人的能力有强弱之分，如果你的综合能力不强，那最好结交这方面的专家，与他们成为好朋友，这也是要组成侦探团队的原因。关于团队，我们在后面会专门谈到，这里就不再说了。

3. 最后谈谈行动力

有的时候，你知道信息就在那里，却不知道怎样才能把它撬出来，那个家伙的嘴巴简直比蚌壳还严！你清楚所有线索都指向一个家伙，可倒霉的是，这个家伙似乎人间蒸发啦！更让人懊恼的是，你已经找到他了，他就站在高高的飞机舷梯上冲你招手，你却够不到……还有更危险的，眼前就是元凶，可他手里拿着一把巨大的凶器，你却手无寸铁！怎么办？怎么办？

你需要行动力！绝对需要！

行动，它可以被理论指导，但是所有理论都要由它来证实。没有行动的理论只能是空想，有了行动，即使理论是错的，我们也可以从错误中获得新的思路，继续前进。

要记住，询问证人、收集物证、追踪线索、抓捕罪犯、寻求各界的帮助……探案所需要的绝大多数东西都来自于行动。不要担心自己缺乏行动的经验，因为经验也来自行动。多参与行动绝对可以累积经验，只要你是个有心人，记住自己所经历的一切，久而久之，你也会变成一个老练的侦探啦！

我不能说每一个鼎鼎大名的侦探都是老练的行动者，据我所知，在世界侦探小说史上还是存在几个文质彬彬，

SIDNEY PAGET

不喜欢把自己弄出一身臭汗的人，比如：波罗、马普尔小姐、尼禄·伍尔夫等人。说句公道话，正因为不愿意行动，这些大侦探倒总是能很成功地避免绝大多数危险，比起那些行动派来说，他们的探案经历可以说几乎是毫发无伤。

但是，他们并不是真的没有参与行动。因为他们都有一双利眼，即使坐着不动，或者只走两步路，也可以发现别人“看不见”的东西。他们的眼睛替他们行动了。

他们还有一张好嘴，这张利嘴，不管人家愿不愿意说，他们都可以从人嘴里套出话来！他们的嘴也替他们行动了。

此外，他们能稳稳当当地坐在那里，还有一个原因——他们可是有行动派当助手啊！为他们跑腿的人不仅从来不缺，而且还都是行动的好手呢！

从没有哪个大侦探没有行动力——这是千真万确的。

二、侦探的基本常识

好了，具备各种能力，但这还不足以使你成为一个了不起的侦探，你还需要具备一些常识，没有这些常识，侦探工作就会变成一种只有亡命徒才敢从事的职业！

1. 必须要具备法律常识，要熟知法律条款

有很多罪犯总在法律的边缘碰运气，企图利用模糊地带逃脱罪责。老练的侦探往往会对这类游走于法律边缘的案子特别注意，会尽力搜集这方面的案例，这样做可以让他们探案时有预见性。

2. 侦探还要有刑侦科学常识，要熟悉各种刑侦科学手段，尤其是新手段、新发现

刑侦科学是个长跑者，它总是在和罪犯进行赛跑，侦探和罪犯都可以获取知识，**侦探要赢，就要比罪犯获得更多更新的刑侦知识。**

历史上有两大刑侦科学发明改变了整个世界，它们是指纹检测与 DNA 检测。

当指纹的独特性在 19 世纪末开始为警察们服务时，侦探们在赛跑中获得了绝对优势，着实逮住了一大批罪犯。一时间，指纹破案变得家喻户晓。19 世纪末美国伟大的现实主义作家马克·吐温，曾写了一部小说《傻瓜威尔逊》，就是以指纹破案为故事题材的。

案例分析

小镇里来了个怪人，几十年来他以收集人的指纹为消遣，他甚至会收集新生儿和奴隶的指纹。大家一开始还觉得他很奇怪，后来习惯了就随他便了。后来，小镇发生了一桩血案，死者的一个很受信任的奴隶被指控谋杀。这个奴隶百口莫辩，眼看就要被处死。但在审判时，怪人出现，指出凶手另有其人，他有指纹为证。在他的演示下，大家才发现每个人的指纹都不一样，而且从生到死指纹都不会变。原来，怪人出于好奇，在凶案现场收集了染血的指纹，又收集了被指控的奴隶的指纹。比对之后他很快发现，奴隶的指纹与现场的指纹不一样，但是与自己档案里的指纹也不一样。好奇之余，他索性把染血指纹和奴隶的指纹与全镇每一个人的指纹都做了比对，结果发现了一个大秘密：原来，在二十年前，死者家的女奴生下一个混血儿，这个孩子金发碧眼，看上去和自己的小主人没啥两样，怪人听说后赶来提取了婴儿的指纹。后来，主人要卖掉女奴，为了孩子的未来，女奴将自己的孩子与小主人调换了。不知情的主人将女奴之子当成继承人抚养大，但这个孩子赌博成性，欠下巨额赌债，为还钱他只好去偷死者的钱，被发现后失手杀人。本来，除了女奴，没有人知道这个秘密，但是指纹的比对，揭发了真凶的面目。这就是指纹最初的故事。

不过在随后的几十年里，绝大多数罪犯都懂得了指纹的作用，他们作案时戴上了手套，还有些爱走极端的家伙甚至会用些特痛苦的办法把自己的指纹消除掉，企图一劳永逸地解决指纹的问题。所以目前在指纹问题上，侦探和罪犯又打成了平手。

20 世纪中期科学家们发现了 DNA 的结构，DNA 检测渐渐开始应用到破案当中，侦探再次大大地领先于罪犯，而且目前看来，罪犯们无论怎么防备 DNA 检测，还是会留下足以被检测的人体物质。所以，在 DNA 问题上，罪犯现在正处于下风。

但是，了解刑侦科学和熟知它不是一回事儿。侦探可能了解，但很难成为这些方面的专家。所以，聪明的侦探都会找刑侦科学方面的专家做朋友，做同伴。你不一定会拥有属于自己的法证实验室，但是你的朋友一定要有。侦探必须要使自己成为团队的一部分，才能使自己在与罪犯的对峙中占到上风。破案不应该是个人对个

人的斗智斗勇，记住——团队永远胜过个人！

3. 作为一个侦探，要精通人性和心理学，用于保护受害者和打击罪犯

作为一个和人打交道的侦探，如果没有兴趣去了解人的话，很难想象其作为侦探的前途。你可以学习女性钻研时装杂志，预测下一季时尚流行的精神来探索人的内心，例如你可以从人们的穿着打扮、室内装潢入手，从外到内，由表及里地推测他们的个人喜恶，探索他们的性格与精神状态。此外，如果能找些心理学专著来研究就更有利于破案了。

为什么要在这些方面下工夫呢？

因为人的外表和行动不一定和他的内心一致。

有的人喜欢用各种各样的大皮靴、金属链条、尖刺和刺青来武装自己。从外表来看，他们的形象是非常另类、非常吓人的。但是我们要想一下，一个人是否真的需要这些东西来显示自己的强硬？他们为什么要用这些恐怖的东西来武装自己？

近几年来，有一类心理学实验非常流行，大家不妨找来研究一下。这种心理学专门分析人面部的微小表情和身体的微小动作，他们认为：人类乃至于动物的微小的表情和动作会在无意中泄露自己的心理。

比如，当有人提出一个问题时，回答者的眼珠上下

左右地转动会泄露他是在回忆还是在编织谎言。还有，交叉在胸前的双臂是典型的防范姿势，表明自己内心的不安、不自信甚至恐惧等负面情绪，而一些微妙的面部表情竟然是即将展开攻击的信号！

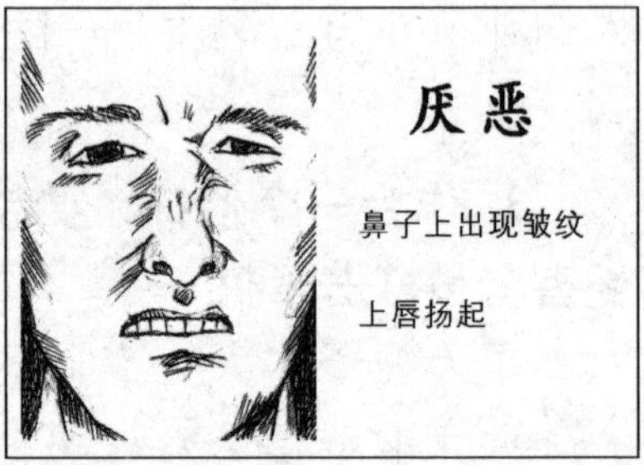

有这样一个故事：

案例分析

联邦调查局逮捕了一个嫌疑人，他企图向黑人教堂投掷燃烧弹。但是，调查人员已经审问了他四个小时，却一无所获。

这个时候，有人请来了一个心理学博士。他来到审讯室，声称嫌疑人不需要开口，保持沉默最好，因为自己并不相信别人说的话，理由是数据显示大多数人在每十分钟的谈话中，可能会说三次谎。

博士一边细细观察对手的喉结、嘴角、眼皮、眉毛和手指，一边开始对着嫌疑人自说自话：“联邦调查局知道你想制造大规模的伤亡。

“他们正对市内规模最大的两座黑人教堂开展搜索。

“嗯，看来他们搞错了。你的目标不是那里。

“也许是市郊的一座较小的教堂。”

这个时候，嫌疑人第一次开口反驳：“你说什么啊！”

博士没有理会他，让他闭嘴：“让调查局从南郊开始查如何?

“哦，我在开玩笑，我还是让他们从北郊开始查吧，你说怎么样？”

“就是北郊！”

不到一个小时，联邦调查局就在北郊一个较小的黑人教堂里找到了燃烧弹。

事后，博士解释了自己的推理过程：

当博士说调查局要从市内最大的黑人教堂开始调查时，嫌疑人嘴角流露出转瞬即逝的欣喜表情，这种窃喜的表情说明调查局找错了地方。

当告诉嫌疑人搜查计划有变时，他进行了反驳，但是同时又耸了耸肩，这表明他的身体对自己所说的语言不认可，这种几乎难以察觉的小动作显示出他在说谎。

当博士说要在南郊搜查时，他的脸上出现了吃惊的表情，但是这种吃惊持续了超过一秒钟，而真正的吃惊表情是不会持续一秒钟以上的，所以他的吃惊是假象，他想让人以为调查局找对了地方。

最后，当博士说在北郊搜查时，他的脸上露出了隐藏的轻蔑和隐隐的怒意，证明这个地方正是他要痛下杀手的地方。

博士认为，真相就写在人们的脸上。

这个故事很有意思，可见研究心理学不仅仅是一件有意思的事情，还可以保护更多的人免于伤害。

真正了不起的心理专家，不仅可以从作案者遗留的现场来推测出作案者的种族、职业、年龄、婚姻状况，了解他的性格和精神状态，甚至可以预测他下一步的行动。

有心理学作后盾，侦探们虽然在案发时落后于作案者，但是随着时间的推移，会逐渐走到他前面的。

当然，这不是一件容易的事，况且，做侦探本身就不是一件容易的事。不过它和很多能力一样，可以通过练习而获得进步。

4. 必须要具备自我保护和救助他人的常识

任何敬业的侦探都应该熟知各种武器装备的使用方法，擅长开车，具备疗伤、治病的常识……拥有这些常识，在关键时刻不仅可以救自己一命，甚至还可以救很多人的命。

最后，我们来看看华生列出的福尔摩斯所精通的种种知识吧。

文学知识——无。

哲学知识——无。

天文学知识——无。

政治学知识——浅薄。

植物学知识——不全面，但对于莨菪制剂和鸦片却知之甚详。对有毒植物有一般的了解，而对于实用园艺学却一无所知。

地质学知识——偏于实用，但也有限。但他一眼就能分辨出不同的土质。他曾在散步回来后把溅在裤子上的泥点给我看，然后根据泥点的颜色和坚实程度说明是在伦敦的什么地方溅上的。

化学知识——精深。

解剖学知识——准确，但无系统。

惊险文学——很广博，他似乎对近一个世纪以来发生的一切恐怖事件都深知底细。

提琴拉得很好。

善使棍棒，也精于刀剑拳术。

关于英国法律方面，他具有充分实用的知识。

关键词（一）
——侦探的必备能力

判别谎言： 它们是许多罪恶产生的原因，也是刑侦（警探）故事的起源。人人都会撒谎，这是人类保护自己的本能，据说一个人每天平均撒谎近十次。侦探不一定会遇见高于平均数的谎言，但是绝对会遇见把假话说得跟真的一样的撒谎者。侦探要有能力不断识别出撒谎者，每认出一个，就更加接近真相。

“河马”： 用来形容看似安全伙其实非常危险的人。在非洲，每年死于河马嘴中的人比死于鲨鱼嘴中的人多九倍！侦探有没有识别危险的能力，在于他们是不是能提前发觉那些像河马一样看似无害的危险分子。

窗帘： 悬挂在窗户上的永久性或半永久性的织物，表面上看不算什么，但是拉上窗帘却可以有效地阻碍那些偷窥者不怀好意的视线，从而有效地打消他们闯入的念头。所以从安全的角度考虑，侦探家中的窗帘还是厚一些比较好，这是一种生活常识，属于自我保护的范畴。

节制饮酒： 酒精依赖是非常可悲的生理和心理的双重疾病，酒精也许会让人快速入睡，让人能够遗忘痛苦，但醒来后，身心绝不会感到轻松。依赖酒精消除记忆与痛苦或是戒除酒精依赖，都会给人带来极大的痛苦。所以，为了身心健康，侦探一定要节制饮酒，避免产生酒精依赖。

快餐： 这里的快餐可不是那些高热量、高脂肪、低营养的垃圾食品，而是指要抓紧时间，有东西吃的时候快快吃，再带些吃的放在身边。挑食的人恐怕会死于饥饿造成的血糖过低，所以，他们根本成不了侦探。

睡眠： 因为心理压力大，生活毫无规律可言，侦探出现睡眠障碍的可能性很大。所以为了健康和家庭，身为侦探，必须培养自己养成随时随地快速入睡的本事，即使小睡片刻也是好的。

睡眠障碍： 伴随过度的压力、悲伤、自责、伤害而产生的抑郁和焦虑，都会导致睡眠障碍。侦探们是无法躲开负面情绪的，一旦发现自己难以入眠或者总是早早醒来再也无法睡，一定不要回避问题，应该尽早寻求帮助。

耐心： 要想成为一个了不起的大侦探要有取之不尽、用之不竭的耐心，这样才能紧盯搜索证据、询问证人、追查线索、跟踪监视嫌疑人和写报告的全部过程。如果耐心不够，最好祈祷自己的助手有这样的耐心吧。

真相： 它总是隐藏在谎言的背后，所以侦探的最终目标是探究谎言背后的真相，侦探过程就是识别谎言的过程，侦探本人应具备识别谎言的能力。

直觉： 这是成为大侦探的必备条件。它虽然是一种天赋，但有时也可以在长期艰苦的锻炼中获得。一般来说，女性比男性更富于直觉，但所有大侦探，无论男女都比一般庸才更依赖于直觉探案，这也是他们不易被人崇拜或看好的原因。在某些人眼里，直觉就等于任性。你说呢？

强健： 不仅要能跑能跳，而且还要经得起“千锤百炼”，能吃各种苦，挺得过各种垃圾食品的毒害。

多面手：尽可能熟练地掌握各种武器的使用方法，会开车是基本条件，卡车、铲车之类的工程车也会开，最好还会开飞机和驾船。这些本事说不定什么时候就能用得上呢！

心理：一定要特别强健，毕竟他们要经历各种让人难以接受的事情啊！但是出色的侦探一定要擅长及时摆正、调整心态，不会在关键时刻崩溃。要是在关键时刻崩溃了，别说当大侦探了，什么事也干不了啊！

格斗技巧：侦探的必备条件之一，即使是足不出户的胖侦探或者“人小鬼大”的侦探，也用得上近身搏斗技巧。你可以在以下常见格斗术中做选择：拳击、武术、空手道、跆拳道、截拳道、泰拳、柔道……千万别嫌学起来太辛苦，又可能会受伤，训练时受伤总比被敌人袭击强。技不压身啊！

规则：工作必须要有规则，在遵循的时候甚至可以达到强迫症的程度，这样才能少出错或者不出错。侦探的工作更是需要严格遵守规则，否则会因一人之过而使整个团队的努力付之于流水。美国前美式橄榄球明星辛普森杀妻案就是如此。根据规则，警察在到达现场的时候必须让现场保持原样，所有证物要装进专用的袋子封好，在上面写上时间地点等的标注。但负责此案的某些警察就违反了这些规则，结果在法庭上，控方提供的很多证据都被质疑、推翻、不被承认，最后辛普森被无罪释放，整个破案团队之前作出的种种努力统统白费了！

回避：按照规定，侦探等调查人员在遇到涉及熟人的案子时，应予以回避，否则会给办案和自己带来麻烦。有一个法医，发现即将办理的案子的受害人是自己幼时的朋友，受害人的妻子还曾和自己订过婚。权衡很久之后，亲手给朋友报仇的愿望占了上风，他隐瞒了自己与这桩案子的利害关系，专心工作。但在法庭上，他与受害人一家的关系被辩方揭了出来，法官当即判定，他所做的工作都不被承认。最后，他只能向上级递交辞职书才算了结这件事。

记忆： 必须有针对、有选择。福尔摩斯曾经教导过："人的大脑就像一个仓库，大小有限，你要是不管什么都往里装的话，真正有用的知识恐怕就没地方放了！"他说的很对，你可以忘记自己今天中午吃了什么，但是自己办过的所有案件、所有相关的人的情况、细节都要记住，还得做好备案。如果你想做私家侦探，连八卦都要关注。"好记性不如烂笔头"，随时准备好笔记和备忘录是非常必要的。

知识面： 一定要广，要博，要杂。有可能的话，还要向更精、更专的方向努力。比如，你可以选择成为人体骨骼的专家、重金属中毒专家，甚至成为各种锯子痕迹的专家。这样，你还可以利用自己的知识帮助别的侦探。

科学知识： 必须及时掌握，至少了解最新的刑侦方法与工具。你不能比罪犯落后，对吧？

理财能力： 侦探可是项吃力不讨好的职业，而且有时还要玩命。理财能力太好的侦探在工作上恐怕会缺乏动力。要知道，侦探一旦对工作挑三拣四的话，会少救好多人哦！

正义感： 选择做侦探，有人是想证明自己在智力上高人一等；有人是想"惩恶扬善，除暴安良，攘除奸凶"。一个侦探有可能在智力上非常出众，但没有正义感，他就什么都不是！

勇气： 你要面对凶手的屠刀，面对媒体的围攻，面对亲人的不理解，更要面对不断的失败挫折。你可以面对这一切吗？你能挺过这一切吗？可以？那你是有勇气的，可以当侦探了。

朋友： 朋友有好几种层次和类别，作为侦探最需要随时可以倾诉、可以托付身家性命的铁杆朋友。他们是侦探的保护神。

信任： 实际上是一种依赖，让你能够在战场上放下心来，把自己的后背交给战友来保护。

手腕： 是能力，是策略，让自己兜兜转转总能达到目的，或者让人把你想要的东西端在银盘子上送给你。如果你有这种能力，你不仅是当大侦探的材料，更是当政治家的材料。

细心： 侦探在生活上可以大大咧咧，但是出了自己家的房门就要心细如发。别人看到的是一张白纸，你可能会在上面发现细细的划痕，然后用铅笔把这些划痕周围涂黑，从而发现隐藏的信息。没有细心

这种特质，想成为一个大侦探几乎是不可能的。

努力： 有的人说侦探工作就是解数学题的过程，这么说也未尝不可。从这个角度无法解决问题，那么就从另一个角度解决，问题得不到解决，其他什么都得先放下。在大侦探的字典里，没有放弃、松懈这样的词。

乐观： 问你一个问题，从一个点可以延伸出多少条线？答案是无数条。同理，解决问题的方法也是无限的，总有一种方法会奏效。大侦探在解决疑难案情时总是抱着这样的念头，所以他总能找到一种方法来解决问题！

执着： 侦探工作不容易，你总会遇到各种阻挠、挫折，关键时刻会有人拉你的后腿，让你放弃。想解决这些问题光靠努力是不行的，你还需要有一种执着，一种觉悟——为了正义、为了自己的事业。

洞察力： 这个可比细心还重要！细心就是能看到别人看不到的地方，洞察力是指你不仅能看到别人看不到的，而且还能从现象看到本质；从外表一直看到内心；从行动看到操纵行为的心理状况，从而及时做好准备。这种能力可以通过长期培养而获得。

关键词（二）——侦探的必备工具

汽车： 这种交通工具让城市人又爱又恨，但它是侦探非常重要的工具。侦探选用的汽车最好不要追求外形拉风，但性能一定要很好，平时的保养也极其重要，这样一来跟踪人或者被人跟踪时不会太显眼，汽车也不会让你气得跺脚！此外，汽车的空间容量要够大，不仅能装得下随身携带的工具，更能使这些工具各归其位，便于使用。当你需要到乡间调查，而自己的汽车却是轿车时，最好找人换一辆越野性能好的汽车，免得爱车受损报废或者跟丢人。

折叠刀： 一种可以将刀锋折叠藏起的中小型刀具。它是侦探的必备工具。除了防身，它还可以用来割开绳子解救自己或者他人，还可以割断导线拆除炸弹，当然也可以用它来削水果。刀子不用大，锋利才是重要的，如果关键时刻拿出一把生锈的钝刀子，连敌人都会笑话你。

放大镜： 很早以前人们就用这种工具来看书或者观察世界，可以说它是现代各种显微镜的前身。在必要时，可以用放大镜聚焦太阳光点燃纸屑等。

手电筒： 这是必备的应急工具。一定要有！任何一个有责任心的侦探不仅要保证自己的手电筒随时都能使用，而且要有足够的备用电池。此外，大号手电筒还可以充当防身武器，装好电池的大手电筒是很好的武器。

药物： 应急药物是侦探的必备品。应急药物既要有内服的，比如用于缓解头疼脑热或肠胃不适；又要有外用的，比如用于消毒止血消炎……侦探要对这些治病疗伤的必需药品很熟悉，这样才不至于在危急时刻给人家吃错药、上错药。

绳索： 很多老练的侦探都在自己的汽车里放上绳索用于应急。这些绳索要够结实，够长，不仅能用于拖车，还可以把自己从悬崖上安全地放下去，必要时还可以用它们捆坏人！平时不使用时，侦探要保证绳索盘放得整整齐齐，一拉就开，这样的绳索在关键时刻才能派上用场，一团乱麻可是什么用也没有啊！

打火机和火柴： 即使是不吸烟的侦探有时也会为自己准备打火机和火柴。他们会准备一些专供户外使用的防风打火机、防风火柴或者厨房用的长火柴，以供身处黑暗时使用。不过，打火机也好，火柴也好，身处黑暗时使用它们产生的光亮和特殊的气味，都很容易暴露自己。这一点还是要小心啊！

零食： 它可是负责监视、跟踪和蹲守的侦探的随身必备！建议选择高热量、高营养的巧克力、花生、杏仁、牛肉干和含糖饮料这些便于携带和保存的食物作为日常储备，另外可选择含咖啡因的咖啡作为兴奋剂，它能比茶更有效地让你保持注意力（心脏不好的人免谈）。至于其他的食物，建议能抓到什么算什么，因为谁也说不准你的下一顿饭在哪里。至于香烟，我就不推荐了，除了它对身体有伤害外，在监视坏人的时候，香烟的味道也可能会暴露你的存在。

咖啡： 不管是在监视时，还是在思考时，咖啡都是提神的圣品。时髦的人为了健康可能会选择无咖啡因的，但是这样的话侦探们还能靠什么提神，靠什么集中注意力呢？建议在监视时饮用便携装的咖啡。茶也有提神的功效。

助手： 侦探史上最早出名的助手当然是华生医生啦！虽然他自己几乎

没有破过一件案子，但他的大名可谓是无人不知，无人不晓。最近美国拍了一部颠覆性的电影《大侦探福尔摩斯》，采用英俊小生扮演华生医生，其外表和风头之劲，险些盖过大侦探本人。

零钱： 这里说的零钱可不是硬币，而是指面额比较小的钞票。很多时候，侦探在询问线人时会遇到一些计较小钱的家伙，这个时候，较小面额的钞票就可以用于酬谢对方。此外，小面额的钞票还可供不时之需，比如当你在乡间临时购买一些物品，而这类小商店往往不接受信用卡，这时小面额的钞票就可以派上大用场啦。

外套： 不管什么季节，都要在汽车里为自己准备一件外套，最好选择那些防风保温效果好的防雨外套，你永远不会知道自己什么时候需要这样的东西来保持自己或他人的体温，所以还是准备一件为好。此外，这种备用的外套在侦探跟踪时也会派上用场，多一件外套等于多了一件伪装！

胶带： 宽宽的胶带可是件好东西，它能派上的用场多得很！封住缝隙；封存证物……还有一种高质量的布基胶带，在美国热播节目《流言终结者》当中，

几位充满好奇心的专家把这些布基胶带叠成厚厚的一层，竟然可以成功地挡住迫击炮的冲击波，再多缠绕几圈，还可以承受更大的重量。恐怕在船的龙骨架上多缠绕几层，专家们甚至可以开心地去航海了！把它们放进自己的百宝箱吧！

容器： 准备一些可以密封的小袋子、小盒子，在上面事先贴好空白标签，把自己在现场发现的有用的小物件放进去，然后标明时间、地点，封存好。这样可以有效地减少证物的磨损。

镊子： 有经验的侦探喜欢随身准备一把小镊子，用它来拾取证物很方便，还不会把自己的指纹留在上面。必要时，小镊子可以临时充当武器。

手套： 薄薄的乳胶手套是必须常备、常新的工具，不管是检查现场、检查物证，还是干些秘密调查的事情，侦探都需要它。当必须接触有可能带来疾病等危害的证物时，侦探一定要多戴几副手套，那些专门处理传染性极强的疾病的医务人员也经常这么做。

万能钥匙： 这是一种特殊的开锁工具，可以打开很多种类的锁。它是罪犯和侦探的必备之物。拿着它溜到别人家不告而拿的人是罪犯。就算是侦探，通过万能钥匙得到的证据也是不被法庭承认的，所以侦探们通常必须有警方的搜查令，得到许可，才可到犯罪现场或嫌疑人家取得证据。

照相机：在数码相机发明之前，早期的侦探和间谍使用的是微型照相机和缩微胶片，这些相机被伪装成打火机、粉盒、手表之类的小东西，它们可以在大庭广众下随意取出也不起眼，而缩微胶片更是小到其宽度只有一个墨水点那么大。美国有一个间谍博物馆，那里满满地陈列着这类玩意儿，在那里，007 曾经使用过的工具也可以找到原型。现在，当侦探需要监视某人时，最好携带小型照相机。如今有的相机相当小，还可以进行远距离拍摄，而且拍摄效果相当好。

至于拍摄现场时使用的照相机，最好选择分辨率较高的型号，这样才能更好地再现细节。当然，如果担心自己事前没有准备照相机，那就为自己准备一款分辨率高的拍照手机吧，聊胜于无。

笔记与笔记本： 任何一个态度认真的侦探都会为自己准备一个笔记本。任何一次调查，任何一次询问，都要有所记录，而且要仔细注明时间、地点、人物，被询问者所说的任何一句话，甚至任何一个动作都应该记录下来。有的时候，侦探们在询问时觉得自己一无所获，但是经过一段时间的调查后，再回过来翻看自己当时的笔记，就可能会发现线索。有一些罪犯非常狡猾警觉，他们会在侦探之前意识到自己或者同犯说错了话，做错了事，所以千方百计地抢走侦探的笔记，然后销毁它。所以，聪明的侦探绝对会把自己的笔记备份，分藏在几个地方。这就叫“道高一尺，魔高一丈”！记住这点很重要！

电脑： 现在的世界，没有电脑恐怕是无法想象的。电脑给我们带来了无数方便，也给我们的敌人带来了无数方便，只要有一个高明的黑客，我们的资料就会被人查看得“一清二楚”。为了不使我们的努力白费，我们身边一定要有一个更高明或者最高明的电脑高手，这样我们才有打“防守反击”的机会。

科学工具： 在福尔摩斯时代，代表科学的随身工具只有一副卷尺、一个圆形放大镜，再就是信封了。现在的侦探能随身携带的工具并不会更多一些，但是现在的侦探可以与法证科学家联手，利用他们的科学实验室，使侦破手段变得更加强大。

关键词（三）
——侦探必须了解的常识

暗门： 这种隐藏起来不想让人发现的门，它的存在就是为了隐藏不想让人发现的东西。这类暗门有的藏在墙上的画后面，挪开画后才会发现保险箱；有的是地毯下的活板门，它们一般通向隐藏着的地窖；还有大型书橱，推开后会有通向一间密室或一段楼梯的暗门；而没有点着火的大型壁炉，可能会通向夹壁墙。无论如何，我们发现暗门后，都最好等后援来后再进去探查。

阿根廷： 根据世界上流传的侦探小说和影视剧的数量来看，阿根廷是世界上最安全的国家之一。类似的国家还有尼泊尔、汤加、多米尼加以及非洲的绝大多数国家。不过如果从新闻来看的话，侦探小说和影视剧的多少与国家安全完全没有关系。

杀虫剂： 警察和侦探可以在危急关头向袭击者的眼鼻处使劲喷，就像对付蟑螂的程序一样。这会给他们留出逃离危险甚至制伏对手的机会的。

侦探饮食的“三W”法则： 作为侦探，你永远不会知道自己的下一顿饭在哪里（Where）；什么时候能吃到（When）；能吃到什么东西（What）。所以，任何一个老练的侦探都知道，不管饿不饿，只要是能吃东西的时候就抓紧吃，最好再带走点儿。

火场逃生： 大部分死于火场的人是因浓烟窒息或因吸入燃烧产生的毒烟而死。建筑材料经烈火燃烧后产生的浓烟，尤其是毒烟多得难以想象。所以在火场中，你一定要记得伏下身子（烟雾一般浮于上方），用湿毛巾捂住口鼻，这样，活命的机会会大大提高。

达姆弹： 这是一种大号软铅弹，由英国人发明于19世纪末的印度。它射入体内后不会穿出，而是在体内破碎，会对人体内部组织造成巨大伤害，所以很快被禁止在战争中使用。可惜现在依旧有各种变相的达姆弹在世界各地伤害生命。

狙击武器： 这可不是什么便携式、好隐蔽的武器啊！狙击武器永远只能是长枪，因为枪管越长，枪的稳定性越强，射击精度越高，子弹的飞行距离也就越长。这些特点多少决定了使用狙击谋杀的案件数量较少。一部经典小说曾经讲了这样一个故事：20世纪60年代，法国的总统戴高乐将军曾躲过一次暗杀。当时的情形极度危险，刺客手持狙击步枪，已经朝将军开了一枪，但将军当时正好低头，所以躲过了。刺客只得重新装弹，准备射击。这时，警察终于赶到，抢在他再次开枪前击毙了他。刺客之所以会失败，就是因为他只能使用枪管长的狙击步枪，而为了通过安全检查，他必须改造武器，使它变小。武器变小造成他一次只能装填一发子弹，延长了射击时间，救了将军的命，送掉了自己的命。

林中夜鸟： 在夜间追踪罪犯的时候，当侦探走到树林附近，如果此时听到看到前面树林有夜鸟飞起，一定要小心，也许刚刚有人走到前面的树林里埋伏起来了，因为夜鸟只有受惊时才会飞起。

案例分析——电线杆

别小看电线杆，在某些时候，它可以帮上很大的忙呢！曾获诺贝尔物理学奖的杰出科学家费曼，在自传里曾经提到，在他上大学时曾和哥们一起出游，却集体迷失在旷野中。正当大家不知所措的时候，一个平时不起眼的哥们指挥大家朝某一个方向走，结果果然走到了镇子上。后来大家问他是如何知道方向的，他指着电线杆说，看那上面的电线，人多的地方，电线肯定也密集，沿着密密麻麻的电线走，总会走到有人烟的地方。

线人（耳目）： 史上最早最出名的线人是贝克街侦缉队，成员为街头的小流浪儿，服务于福尔摩斯。

左轮手枪： 这种手枪的历史悠久，在大家仍在骑马打仗的时候，左轮手枪就开始发挥威力了。那些骑着白马，威风凛凛的牛仔英雄在和坏人决斗时，拔出来的从来都是左轮手枪。这种枪构造简单，即使是对外行来说它的使用方法也很简单好记，很少会出现失误。但是性能比较好的左轮手枪相当大，几乎有一本书那么大，这可是很不方便携带的。

自动手枪： 比起左轮手枪，还是自动手枪更受内行人的好评。有很多人喜欢选择使用德国造的自动手枪，如HK4，这种手枪去掉子弹后仅不到500g重，口径小，威力大，后坐力小，虽说远距离射击命中率不高，但是用来防身足够啦。有一个老警察用自己的亲身经历教育年轻人：因为你永远不知道自己会面临怎样的强敌，所以一定要为自己准备一支可以装更多子弹的火力大的枪。他自己曾和一个持刀匪徒对峙，他冲着匪徒的胸膛打光了枪膛里的所有子弹，那个家伙还能挥刀重伤他。在危急关头，用火力大的枪，再多准备几发子弹，可以救自己一命。

老手用手枪的原则：

A 首先要确认枪膛里有没有装子弹，如果装了子弹，一定要确认有没有关上保险。

B 绝对不会把枪口朝向任何人，一秒也不行，敌人除外。

C 除非遇到紧急情况，否则枪膛里不能保留一颗子弹。

D 一旦看见枪支，不管与自己有没有关系，首先应该认为里面是装好子弹的，绝对不会掉以轻心。

备用弹匣： 当你长时间不使用手枪时，不要在弹匣中装满子弹。有的人以为这样做可以节省装填子弹的时间。但是时间一长，弹匣中的弹簧会失去弹性。要记住——弹匣的弹簧故障是造成手枪卡壳的最重要原因。如果你打算以防万一，可以在枪膛里留下一颗子弹。需要的时候，你可以先开一枪，在开枪的同时用左手往弹匣中装填子弹。这么做，虽然稍微慢一点，但是总好过“喀嗒”一声手枪卡壳了。

手枪保养： 真正的老手绝对会好好保养自己的武器，让它的内外保持绝对的清洁和润滑，开枪后尤其如此。这不是为了面子，而是为了在关键时刻保命！除了被敌人的子弹直接击中外，没有什么比用一只肮脏的、塞满燃烧过的火药的手枪开枪更糟的啦！曾经有人企图拿着手枪杀人，结果自己的脸却受了重伤，因为他使用的手枪被脏东西堵住了。火力越大的枪，污垢造成的后果越可怕。

武器制造大国： 俄罗斯、美国是当仁不让的武器制造大国，而德国、意大利、法国、以色列则素以制造精良武器著称。

步枪传奇——AK47： 它于1947年诞生于苏联，设计者是出生于哈萨克斯坦的卡拉什尼科夫，“A”是俄语自动步枪的起首字母，“K”是设计者名字的起首字母，47代表出厂的年份。这种武器自诞生起几乎参加了“二战”以后所有的地区冲突、国家政变和局部战争。有一些军事观察家用一种特殊的方式衡量地区冲突——统计黑市上AK47的售价，单价在400美元以下则该地区的冲突即将结束；单价在400美元以上则地区冲突正在激烈进行中！用这种方式衡量地区冲突，其原因是AK47以过亿的产量高踞世界枪械生产冠军的宝座（排名第二的M16的产量还不到它的十分之一）！简单、耐用、杀伤力强，外加价格低廉，这些都是AK47的制胜法宝。它唯一的缺陷是300米外几乎无法命中目标。

步枪传奇——M16： 它是世界上第一种小口径的突击步枪，真正成名于越南战争，但第一次亮相它就差点“身败名裂”。当时，美军在近距离交战中被苏制的AK47打得焦头烂额，M16临危受命，解救美国大兵。但生产商低估了战场的恶劣环境，夸口说这种枪不需要清理，军方也就没有为它配备清洁工具。结果，无数“美国大兵”至死都无法让这种威风的武器开火！情急之下，士兵们只好用随身携带的小玩意儿套在枪筒上来保持枪管清洁，直到军方送来清洁工具和漫画版的维修手册，M16才得救。之后，M16终于以它凶狠的

远距离火力压制住了AK47。目前，北约国家和80多个非北约国家的军队配备的都是这种步枪。

战争： 对很多武器设计专家来说，每一场战争都是检验他们设计、制造的武器的大型试验。在战场上发挥良好的武器会继续得到发扬光大，使用起来不咋地的武器自然而然地被更优质的武器淘汰。

坏目标： 好多人用血的教训告诉我们——心脏是极不靠谱的瞄准目标，因为它实在是太容易射偏啦！“二战”结束时，大战犯东条英机在被美军逮捕前曾企图自杀，当时他是打算向自己的心脏开枪的，可是实际操作时他射中了自己的腹部。结果在美国军医的抢救下，东条英机成功地活了下来，然后被送上绞架绞死了。用不太严格的说法来说，就因为想朝自己的心脏开枪，东条英机足足死了两回。

陶瓷刀： 这是一种完全由陶瓷制成的刀具，它的质地和你家卫生间里的瓷砖没什么两样。但是除了钻石以外，它是最硬的！它比钢铁更硬，也更加锋利。最要命的是，金属探测器完全无法检测到它的存在。德国产的这类陶瓷刀性能非常好，相当昂贵。关于这种刀具，还有一点非常有意思，现在有很多美食家喜欢使用陶瓷刀，即使切豆腐也用它，理由是这种刀具不会破坏食材本身的味道！

007与PPK： 铁金刚第一次在银幕上亮相，就被上司要求使用德国生产的WALTHER PPK半自动手枪，007反驳说自己在这之前的十年，一直使用意大利产的贝雷塔手枪，感觉非常好，不想换。但上司说007使用的贝雷塔手枪出过三次问题，编号007的间谍，被政府授权的目标是杀人，而不是被杀，所以必须要使用威力更大、性能更好的PPK。从此以后，PPK手枪在22集《007系列》中一口气出演了18集，真可谓是“金刚常改，PPK长留”。这种武器在1929年就被德国人Carl Walther Waffenfabrik发明，从1935年起，它开始服务于纳粹德国。几十年来，这种手枪凭其优秀的性能和质量直到今天仍然在生产。

PPK

反埋伏： 再有本事的侦探，也会被自大送掉小命！在与不可靠或者不可信的人见面前，一定要事先做好充分的准备，预防见面时中埋伏。侦探老手往往会提前好几个小时来到见面地点，检查地形环境，观察周围人的活动，记住他们的长相，摸清他们的活动规律，并记录下来。此外，为自己准备可靠的后援也是很保险的方法。对老手来说，面对不可靠的人，怎么小心都不过分。

高楼林立： 高楼林立的地方，会有上下左右乱窜的气流，这些东西使得远距离射击的命中率极低，即使是再厉害的狙击手也没有办法保证自己在这种状态下命中目标，这是缺点。它的好处是，你可以把自己和被保护的目标踏踏实实地放在高楼林立的地方，而不用担心被狙击手消灭掉。

口径最大的左轮手枪： 这种手枪由美国最大的手枪军械制造商史密斯－威森公司生产，它是侦探所能找到的口径最大的左轮手枪，一般被称为左轮357或马格南手枪。“357”指的是这种枪的口径为0.357英寸；马格南在拉丁语中有宏大的含义，也代指香槟酒瓶的最大规格，“二战”后最著名的图片社也以此命名，所以用马格南命名世界上最大号的左轮手枪似乎也是理所当然的。

左轮357

瞄准目标： 射击时往哪里瞄准是有讲究的。射胸部和背部最有把握，目标大嘛！但在危急时刻，如果你想干脆利落地结束一切，最佳目标是射脑袋，这么做的问题是脑袋太小，射起来很容易失手，这也是狙击手难当的原因！想要留活口的时候，首要射击的部位当然是腿或者屁股这类部位。当敌人落了下风，想举枪负隅顽抗时，老手一般会射击他的肩膀，这么做的问题是射偏了会射到胸部、脖子或者脑袋，所以，这时候有狙击手朋友在场最好了。但对于菜鸟侦探来说，面对危险时，往哪里射击不是问题，问题是能不能射中敌人，救自己和被保护者一命！

武器： 在美国，有近1/3的被害人是被他们自己的武器杀死的。如果你用各种武器都不在行，那么干脆不要携带武器，免得所携带的武器反被敌人利用。为了安全起见，你只要携带精通武器的同伴就可以了。

刀子： 一种无声的，短距离使用的武器。以色列的摩萨德在训练他们的特工时，总是要求他们熟练掌握刀子的使用方法，理由是——刀子永远没有没子弹的时候。

世界十大名刀之一
双锋直出刀

成功的侦探大观

一、侦探的种类

侦探有专业和业余之分，专业侦探也有官方和非官方之分。官方侦探以警察、联邦调查局人员为主，非官方的侦探有私家侦探和各种调查人员，调查人员中以保险调查员最为常见。

业余侦探是指那些无意中卷入案件的非职业侦探，他们既没有受到雇佣，也不会从破案中获得金钱酬劳，他们没有专业人员做后援，所以一般来说他们做侦探比专业人士要冒更多的风险。业余人员参与到侦探行列当中，有个人素质的因素，如阿加莎·克里斯蒂塑造的马普尔小姐，她只是一个独自居住的小老太太，受人尊敬，但不隶属于任何组织，也从未收取过任何费用，所以把她归为业余侦探是比较合适的。她成为侦探，是因为直觉超灵敏，她总是能嗅出阴谋与危机，然后就不由自主地卷进去了。

案例分析

有一次，她受朋友的邀请住进一家高级旅馆，这家旅馆是她很早以前住过的，但现在，旅馆变了，装潢变样了，住的人也变得古里古怪的。这些变化使得马普尔小姐开始不由自主地观察周围的侍者、房客。结果没多久，她就发现自己已经卷进了由谋杀、走私、盗窃构成的乱麻当中。当然，马普尔小姐取得了最后的胜利，解开了所有的谜团，然后悄然离开。

还有一些业余人士成为侦探是由意外导致的。这些意外彻底地改变了他们的生活，他们如果不能调查出真正的罪犯，就会永远被人当成罪犯，成为替罪羊！

案例分析

曾有一个年轻女子，在一家拍卖公司担任古代钱币类负责人。在一次拍卖活动中，一枚极为珍贵的钱币从她手里丢失了！她先是被停薪停职，然后意识到自己很可能成为嫌疑人，即使不被当作嫌疑人，这件事也会导致她永远失去工作。一怒之下，她开始自己调查小偷。她先是弄清楚装钱币的盒子是被同样的盒子调换了，由于她不可能事先前知道钱币装在什么样的盒子里，所以不可能是小偷。她就这样先洗清自己的嫌疑，然后把目标锁定在钱币拥有者的家人身上。就这样，她一个个地调查下去，最后终于逮到了真正的小偷——钱币的主人。他因为家人挥霍无度而陷入财务危机中，不得不变卖钱币，但是在最后一刻，他后悔了，就随手用空盒子换下了最美丽最珍贵的钱币。年轻女子获得了胜利，成为成功的业余侦探。

不过，这类业余侦探就像划破天宇的烟花，美则美矣，但长久的可能性几乎不存在，他们成为马普尔小姐那样的侦探的可能性极低，因为一个人可以遭遇一次意外，但不会总是遭遇意外啊！

二、成功的侦探们

杜宾： 他是 19 世纪美国小说家、诗人爱伦·坡笔下的侦探。爱伦·坡是世界公认的侦探小说创始人，他的作品《莫格街凶杀案》是世界公认的第一部侦探小说。杜宾因为是第一人，所以，他的侦探工作还不够成熟，有故弄玄虚的成分。但是由他开始的侦探模式——料事如神的侦探 + 什么都看不透的愚蠢助手，还有密室、密码、线索这些套路，都深深地影响了后来的作者。就从《莫格街凶杀案》的开头来说，杜宾通过瓷片、路人的眼神、反应等推理出助手的想法，与福尔摩斯推理出华生在回忆战争的情节如出一辙。

福尔摩斯：他出自柯南道尔笔下，是英国乃至全世界塑造得最为成功的私家侦探，他作为侦探的活跃时期为 19 世纪末至“第一次世界大战”。他又高又瘦，鹰鼻鹞目，除了一个女艺人，几乎对全世界女性的头脑都充满不信任。他几乎只为有钱人和政府工作，战争期间还从事过反间谍的工作。福尔摩斯作为一个虚构的人物，他的成功之处在于——

一、造型与个性极度鲜明，而且统一，使人难忘，这一点是开辟先河之作。

二、断案方式严谨而统一，使人印象深刻，每一个福尔摩斯迷都可以说出在断案时，福尔摩斯会先做什么，后做什么，他的方式等于为后世提供了一个标准的破案流程。

三、讲故事紧凑利落，宁可让人意犹未尽也绝不拖泥带水。

福尔摩斯

波罗： 他出自阿加莎·克里斯蒂笔下，是继福尔摩斯之后塑造得极为成功的私家侦探，也是历史上被女性作家塑造得最成功的私家侦探。他个子小小，留着两撇法国式的小胡子，非常讲究外表，对女性礼数周全。他总是因为外表和口音被认为是个法国人，对此，他一定会郑重地纠正说："对不起，我可是比利时人。"据他自己解释，他的神探本领是由他脑中"灰色的小细胞"所给予的。这灰色的小细胞到底是啥，没人知道，反正破案时他总是会不厌其烦地调查每一个人，然后当着所有人的面戏剧性地回溯案情，解开谜团，这时大家才发现，其实他早就胸有成竹了。

波罗

马普尔小姐：同样出自于阿加莎·克里斯蒂笔下。从外表上看，她是个独自居住的不起眼的乡村小老太太，实际上，她非常精明，总是默默地观察着每一个人，默默地倾听着各种流言蜚语，不管是谁，只要有人的生命中有被隐瞒的事情，迟早都会被她发现。除了观察能力，她的另一件制胜法宝就是对人性中恶的一面的深刻认识，这使她敢于大胆推测，追寻线索，解开谜团。

马普尔小姐

布朗神父：他是 20 世纪早期英国作家柴斯特顿创作的《布朗神父探案》中的主角。这位宽肩膀、圆脸庞、胖墩墩的乡村神父平时沉默寡言，一开口就妙语如珠。他以灵感来破案，凭直觉抓凶手。他的名言“罪犯是创造性的艺术家，侦探则是批评家”多少有些惊世骇俗。此外，由于作者信仰宗教，他笔下的神父侦探也成了神通广大的神奇人物，凭

作者 柴斯特顿

借自己异乎寻常的头脑，创造了无数奇迹。我们在其后的许多日本大侦探身上多少能看到他的影子。

亚森·罗平： 当福尔摩斯称雄英国的时候，不甘居后的法国诞生了侠盗兼侦探——亚森·罗平。他的创作者为莫里斯·勒布朗。当时，出于竞争心理，出版商邀请勒布朗写一个法国侦探，其智慧要能与福尔摩斯一比高下，于是亚森·罗平诞生了。这位侦探最初是个劫富济贫的江洋大盗，其神出鬼没让警察束手无策，后来他金盆洗手，当了侦探。他擅长推理，也擅长与犯罪分子作斗争，后来竟成为法国的警察厅厅长！亚森·罗平的这种传奇经历只有在充满浪漫想象的法国才有可能实现啊！这位经历复杂的侦探最被法国人津津乐道的故事是《亚森·罗平大战福尔摩斯》，在这个故事里，福尔摩斯来到法国，由于强龙斗不过地头蛇，他在法国出尽洋相。亚森·罗平又怪招迭出，让英国侦探疲于奔命，不得不对其俯首称臣，这让法国人觉得实在是过瘾极了！一时间，亚森·罗宾几乎被视为传奇式的民族英雄！他的代表故事有《蓝眼少女》、《水晶瓶塞》、《棺材岛》等。

菲洛·万斯： 说到美国侦探小说创作的黄金时代，不能不提到菲洛·万斯，因为他的“父亲”是编写“侦探小说的二十条准则”的范达因。菲洛·万斯身材高大，衣冠楚楚，同时还是个艺术鉴赏家，是个很有艺术修养的美男子。他不仅在外形上和福尔摩斯大相径庭，在侦探手段上也和福尔摩斯不同，菲洛·万斯不会趴在地上收集烟灰，也不会死盯住人家的裤腿、袖口不放，他最重视罪犯的心理活动，通过对作案者的心理分析推测出罪犯的真面目。菲洛·万斯第一次登场是在《班森杀人事件》，后来在《主教杀人事件》和《格林家杀人事件》中有出色表现。借助菲洛·万斯的出色表现，他的创作者范达因成为了畅销书作家，他编写的写作戒律，被后辈奉为侦探小说创作的“圣经”。

奎因父子：他们是第一次世界大战后在美国出现的一对父子搭档，父亲是纽约警长，儿子嘛，就是侦探啦。老奎因性格朴实，办事坚定，有很丰富的破案经验；儿子艾勒里则是一个有丰富想象力的推理家。他俩在破案时总是会各执一词，但最后又会互相配合，最终擒获凶手。奎因父子系列作品讲求逻辑推理，充满理性，讲求公平竞争，绝对会给读者留下足够的线索，从不误导读者，不向读者提供无用的信息。每当故事进行到高潮，作者总会以“挑战读者”的方式与读者一决高下，这种挑战通常以读者心悦诚服的失利而告终。“挑战读者”的设置成为奎因作品的商标和世界推理小说历史中最令人津津乐道的桥段。有趣的是，奎因父子形象的塑造者虽然被称为艾勒里·奎因，但这个名字实际是两个表兄弟合作的笔名，他们一个是佛雷德里克·达奈，另一个是曼佛雷德·李，他俩的合作关系也像奎因父子一样，充满矛盾。但是就是这样一对永远在吵架的矛盾搭档，却创作出充满魅力的父子形象，这不能不说是一件趣事。奎因父子的代表作为《罗马帽子之谜》、《希腊棺材之谜》、《法国香粉之谜》、《荷兰鞋之谜》。其中 1932 年问世的《希腊棺材之谜》曾获得爱伦·坡奖，这是美国推理小说家协会所发的年奖，相当于侦探小说界的“奥斯卡奖”。

尼禄·伍尔夫： 他由美国作家雷克斯·斯托特创作，与菲洛·万斯、艾勒里·奎因并列为美国三大侦探。与其他几位形象不同的是，这位尼禄·伍尔夫身形肥胖，不爱运动，整天窝在安乐椅里，除了琢磨啥时候该喝啤酒外，就是琢磨该吃些什么。他唯一愿意进行的体力活动就是到楼上的温室花房里去看他的宝贝兰花。作为一个私家侦探，他只负责脑力部分，由助手阿奇充当眼睛和腿。尼禄·伍尔夫借阿奇的眼睛观察人证与物证，然后再借阿奇将元凶抓住，他们俩合作得真不错！尼禄·伍尔夫的代表故事有《矛头蛇》、《被埋葬的恺撒》等。

梅格雷：他出身于比利时小说家乔治·西默农笔下，是巴黎的司法警官，在一百多部侦探小说中出任主角。他身高 1.8 米，重 100 千克，除了睡觉，烟斗从不离口。他的办案作风稳健到了不慌不忙的程度，经常会让下属和罪犯摸不着头脑。梅格雷对上层社会没有好感，对上司从不唯命是从，对下层社会他了如指掌，对社会最底层的小人物充满理解和同情。作为巴黎的高级警官，他有时也会出差到外省或异国，但是他那漫步于巴黎大街小巷的粗壮形象却是最富有巴黎韵味的。

菲利普·马洛：他是美国作家钱德勒笔下的私家侦探，是“硬汉派”侦探的代表人物。他诞生于美国经济的萧条时代，那个时代也是私酒和机关枪横行的时代。这样的时代诞生的私家侦探必然是特殊

由汉佛莱·鲍嘉扮演的菲利普·马洛

的。马洛身高体壮，富有男性魅力，是个性格倔强、敢作敢为的热血汉子。他办案不依靠机械推理，而是像斗牛犬那样咬住线索不放松，越是遇见阻碍，他就越发地执拗，用拳头或者手枪对付那些企图阻止他的家伙。虽然他总是被人下药、枪击、毒打，也常常被欺骗，不过到最后他总会加倍奉还，当然喽，如果对手是美丽的女性，他就会点到为止了。有人说，菲利普·马洛是最具魅力的男子汉，是“有着黄金般色泽心灵的骑士”。在20世纪40年代，好莱坞电影演员以能扮演菲利普·马洛为荣耀，他的故事被六次搬上银幕，其中以著名演员汉佛莱·鲍嘉塑造得最为成功。菲利普·马洛的代表故事有《长眠不醒》、《湖底女人》、《漫长的告别》等等。

金田一耕助：其作者为横沟正史。金田一在《本阵杀人事件》中第一次出场，他有一头乱蓬蓬的鸟窝头，戴一顶软帽，穿脏兮兮的和服，而且有时还会口吃。但是金田一料事如神，他自称是直观型侦探，擅长推理。他的名言是“搜寻脚印或检测指纹由警方负责，我的侦探方法只是将这些予以理性地分类综合，最后才下结论。”“所谓名侦探就是能将所有的愚蠢想法全都考虑到，然后将这些许许多多愚蠢的想法一一加以分析、淘汰。”“推理可不是无中生有，它是将所有论据集中之后加以分析的过程。”这些语言振聋发聩，确实值得侦探们加以学习修炼。金田一耕助的主要故事有《本阵杀人事件》、《狱门岛》、《八墓村》等。

明智小五郎： 他是江户川乱步笔下的侦探，是继金田一耕助后在日本家喻户晓的英雄人物。他在《D坂杀人事件》中初次登场，早期的他重于研究人性，对犯罪心理学造诣很深，后来他演变成一个颇有打斗能力的行动派侦探，再后来，随着作者的年岁增长，小五郎不再参与打斗，回复使用初期的心理分析法解谜了。除了破案，小五郎的另一大功绩是培养了一个杰出的助手小林芳雄，小林是江户川乱步的少年推理小说《少年侦探团》系列的少年侦探，其主要对手是怪人二十面相。明智小五郎的代表故事有《D坂杀人案》、《黄金假面人》等。

狄仁杰： 字怀英，是唐代杰出的政治家，在武则天当政时期任过宰相，以不畏权贵著称。他做过高官，也被诬陷下过狱，他曾经被贬，又复官为相，死后被封为梁国公。但不管身处什么境地，他都以百姓心为心，为了拯救无辜，他敢于拂逆君王。在他担任最高司法官员——大理丞期间，到任一年内就审理了大量的积压案件，涉及 1.7 万人，其中没有一人再次上诉申冤，其处事公正可见一斑。后人根据他的经历编写了许多精彩的传奇故事，如《狄公案》等。但在所有狄仁杰的故事中，可读性最强的却是荷兰汉学家高罗佩的《大唐狄仁杰断案传奇》，全书一共 16 个中长篇和 8 个短篇，案情件件凶险，情节处处扣人心弦，逼人追索谜底。作者高罗佩笔下的狄公与中国传统公案小说的“青天大老爷”大不相同，他办案重效率而轻缛节，讲操守而又善变通，重视调查推理，从不主观妄断。狄仁杰断案如神，被西方读者称为古代中国的福尔摩斯。20 世纪 50 年代此书英文版一经面世便在欧美引起轰动，不断再版，还被美国芝加哥大学列为学生必读书目。

狄仁杰

三、成功侦探的套路

1. 福尔摩斯的侦探套路（柯南道尔套路）

作者 柯南道尔

福尔摩斯的侦探套路早已被他自己说了出来，而且在《血字的研究》一开始就对华生解释得很清楚，那就是——演绎法。福尔摩斯对现场的各种痕迹细加观察追踪，将这些痕迹在大脑里归纳总结在一起，排除所有的不可能，得出最有可能的结论。这就是演绎法！演绎法的成功建立在一个极为重要的基础上，那就是超强的观察能力。福尔摩斯在多年的刻苦锻炼之后，具备了远远超过常人的观察能力。有些人比如华生，总是惊叹于福尔摩斯的推理能力，却很少意识到，观察蛛丝马迹的能力与推理演绎的能力加在一起，才是让福尔摩斯能够无往不利的真正原因。

2. 波罗的侦探套路（阿加莎·克里斯蒂套路）

假设一下福尔摩斯和波罗相遇，福尔摩斯一定会嫌波罗太啰嗦，太故弄玄虚，虽然他自己也是个喜欢来点玄虚的家伙。但细想想，波罗确实每次都是挨着个儿地、不厌其烦地询问每一个在场的人，然后在最后关头，在

作者 阿加莎·克里斯蒂

大家面前，先是把嫌疑人吓得半死，然后再一个个地排除，直到出现真正的罪犯。这种侦探套路虽然多少有些模式化，但它其实很符合福尔摩斯的那句话——把所有不可能的去掉，剩下的就是事实了。实际上，波罗的这种方式已经有些从超人式转向现代的破案方式了。

3. 梅格雷的套路（西默农套路）

与极为自负的福尔摩斯和过分讲究的波罗相比，梅格雷的造型相当平庸，生活习惯也几乎可以用“小市民”、“农民”之类的名号冠名。和前两位不同，梅格雷接触的案件以平民作案为主，大资本家、大贵族等社会名流很少在他这里出现，即使出现，扮演的也大多是不光彩的角色。他很少会对现场进行精密勘察，每次破案，他都会长时间地徘徊在罪案现场和目击者、疑犯的周围，冷静地、耐心地观察他们，剖析他们的内心世界。他像一个巨大阴影，始终笼罩在罪犯的上空，让他们没有喘息的机会。最后，当罪犯露出马脚时，梅格雷会像一把巨锤砸向罪犯，将他们绳之以法。但是，每次破案后，梅格雷都会感到厌恶和难过。为什么呢，因为他厌恶社会的黑暗，厌恶人性的无耻贪婪，同情那些被推进犯罪深渊的小人物。从这个角度来说，梅格雷是侦探中的心理学家、社会学家。

4. 传统的警察套路

现实中的侦探工作乏味危险，很容易让侦探产生挫折感。他们必须面对毫无头绪的罪案，即使历尽艰难也不一定会获得线索。在这种情况下，除了坚持，还是要坚持！只有坚持，才有可能不放走任何一个罪犯。

案例分析

20 世纪 70 年代，纽约曾发生过几起命案，作案的手法、使用的凶器证明，这几起犯罪的凶手是同一个人。警察们在死者之间完全查不出任何联系，只好从凶器入手，希望能找到线索。他们想方设法从伤口上推测出凶器的大致形状，然后咨询各方面的专家，用了很长时间才从一个古代武器专家那里获得了一点线索。警察们依据这个线索，在各个五金店找，却还是没有收获，最后老探长在一份老剪报里发现了这种凶器的专业名称，原来它是一种登山工具。直到这个时候，警察们才算有了真正称得上是线索的线索。他们找到纽约的各大登山用品商店，向他们征集到最近五年来购买过这种工具的人的名单，这份名单长得吓人，原来纽约竟然有这么多的登山爱好者！为了节省些时间，老探长建议警方把这份名单与有前科的人核对，看有没有线索。他们费了无数人力和时间，结果居然没有人可疑，真是让人沮丧。解开谜团的还是老探长，他想到把这份名单和那些在警局有备案，但是没有受到起诉的人的名单核对，终于找到了几个可疑的人。最后，警察们通过监视、询问、暗地搜查等方法，终于找到了真正的凶手，把他绳之以法。一个案子，竟历时一年才有突破。

这就是现实中的破案历程，完全没有福尔摩斯、波罗指出罪犯时的那股子神气劲儿。现实中的侦探们工作艰辛、不被人理解，最让人沮丧的是，有时，侦探们也会承认自己的无奈。他们会说：侦探，这实在不是件轻松的差事！

犯罪规律与手段大观

我们不能因为一句“瞧他长得就像坏人”而抓一个人。顺藤摸瓜，从最早的现场开始，了解他做了什么，怎么做的，为什么这么做，什么时候做的，在哪里做的，当然，还有最重要的——他是谁！解决了所有这一切，我们才能为自己的工作写上“结案报告”。

这不是一件容易的事，还是让我们从了解犯罪规律与手段开始吧。

犯罪一般分为个人犯罪和团体犯罪，个人犯罪中可能会有因意外而导致的误伤，但团体犯罪很少会有这种可能，而且相比较起来，团体犯罪更难被绳之以法。面对有团体背景的罪犯，更需要侦探们的团队行动。

不论是个人犯罪还是团体犯罪，他们的犯罪都是有规律可循的。对任何一个侦探来说，探寻罪犯的犯罪规律与手段是自己永恒的目标。早在福尔摩斯之前，中国的古人就教导我们“知己知彼，百战不殆”。下面介绍的就是这些罪犯的犯罪规律与常见手段。

1. 隐——

罪犯这么做的目的是为了让警探们不知道自己是罪犯。

远距离谋杀：与短兵相接相比，远距离进行的谋杀会比较难于侦破，警探在调查犯罪的时间、开始犯罪的地点上容易产生混淆，于是罪犯就可以借助距离隐身一段时间。远距离犯罪最常见的方式是下毒。下毒是一种非常古老的害人方式，这种方式非常隐蔽。在古代，相对其他害人方式，下毒更容易逃脱制裁。17 世纪之后，专门有一些人充当职业投毒者，他们通常被有钱人雇佣，有时还会直接受雇于皇室，他们制造的罪案一般都难以侦破。但是下毒这种手段也有它的局限性，一般来说，除了极为烈性的毒药，下毒的致死率并不算很高，而且随着科学手段的发展，大家对毒药的种类和特性的了解越来越多，现代的下毒者要同其他害人者冒同样大的风险。所以相对于其他害人手段，在现代，下毒还是相对少见的，例如 1989 年，美国登记的 18954 例杀人事件的受害者中仅有 28 例是由毒物致死的。统计数字表明，投毒者的女性比例显然高于男性，可能是因为投毒相比较其他谋杀方式较为隐蔽，而女性相对男性更为谨慎吧。

案例分析——远距离谋杀

有非常多的历史学家和科学家都相信拿破仑死于毒药，有人说他死于砒霜；有人说他死于铅中毒；有人说是英国人毒死了他；有人说是法国人自己毒死了他。但是直到今天，大家对他的死因还是没有一个完全无争议的结论，更不要提找到凶手了！下毒的隐蔽性由此可见一斑。

伪造现场：这是罪犯经常使用的障眼法，目的是混淆侦探的视线，让侦探以为罪犯是别人，从而躲开追踪。识别出被伪造的现场，可以为你的调查指明正确的方向。

案例分析——伪造现场

有时，从现场来看，受害者似乎与袭击者经过一番打斗而死，但尸体的下面没有家具和玻璃的碎片，这说明死者倒下后才有人伪造了打斗现场，并没有什么袭击者；有时，罪犯貌似是外部闯入者而且门栓也被从门框上扯了下来。但是要知道，如果门是由人从外部破坏的，应该会有部分门框的碎片散落在门周围，如果门栓附近只有一点螺丝孔周围的木屑，这只能说明门并不是从外部破坏，而是被人从里面撬开的；如果有人说自己家被人从窗户闯入，那么侦探就需要观察窗玻璃的碎片，如果真的有人打碎玻璃从外部闯入，大多数玻璃碎片应该落在室内而不是室外。

破坏现场：作用等同于伪造现场，而且这种行为对现场造成的破坏更为严重，使得侦探们的调查变得更艰难。破坏现场的罪犯与伪造现场的罪犯相比，要更趋向于暴力，因此，只要侦探们详加调查，获得的线索也许会使罪犯更快落网。

潜伏：“小隐于野、中隐于市、大隐于朝”，潜伏为内奸无疑属于大隐的级别，罪犯一旦潜伏成为内奸，就会获得极佳的保护，造成的破坏也就更大。但是这种行为不是个人容易做得到的，它更属于团体犯罪的范畴。奇怪的是，也许是做两面派做久了的缘故吧，内奸被策反的概率也很高。

伪装成受害人：没有什么比躺在现场的受害人更让人同情了，所以有一些狡猾的家伙把自己伪装成受害人，鲜血淋漓地躺在地上，用这种方式逃避调查。但是，

用这种方法可以躲避一时，躲避不了一世，彻底的调查一定会拆穿“受害人”的假面目。

藏瞒： 罪犯为了不引起警方注意会藏起赃物，藏起尸体。因为找不到赃物或者尸体，警方就很难起诉某人犯了盗窃罪或杀人罪，很多国家都有这方面的问题。

案例分析——藏瞒

福尔摩斯的小说《蓝宝石》讲述的是罪犯将偷来的蓝宝石塞进身边的鹅的肚子里，另一篇《六座拿破仑半身像》讲的是罪犯将偷来的黑珍珠摁进刚做好还潮湿的石膏像当中。这类罪犯将他们偷来的宝物藏在不引人注目的地方，致使警方虽然怀疑他们偷了东西，但因为没有找到赃物，不得不暂时放了他们。

误导： 任何一个罪犯都希望尽可能地拖延警方的调查，为自己赢得逃跑的时间，如果有可能，他们希望通过误导使警察永远也查不到自己的头上。由于误导有的时候确实可以起作用，所以当侦探们发现自己的思路在遵循着某种固定程式时，一定要小心，免得落入罪犯的误导陷阱。

案例分析——误导

日本曾有一个连环杀人犯，他总是在受害者身上标上阿拉伯数字。很快，警察就发现这些数字表示的是受害人的顺序，所以，当出现数字2的时候，他们就开始等待3的出现。但是3却没有出现，出现的是4，于是，警察们认为第3号受害者没有被找到。其实，罪犯是故意让4先出现的，为的是误导警方，让他们错误估计3号受害者的死亡时间，用这种方式来为自己开脱。当然，警察们最后还是意识到自己犯了错误，抓到了罪犯。有的罪犯相当狡诈，他们为了掩饰自己的真正目标多作案子，例如他们会偷一系列不太值钱或者对自己并不重要的小东西来掩盖自己真正想弄到的大东西。这就像为了掩盖一个小血点，而泼上一大滩红油漆一样。

密室：不少罪犯都希望自己的罪行能发生于密室当中，这样做的“好处”是警方很难搞清楚罪犯的作案手段，自然也难以确认嫌疑人。和很多人想的不一样，关于密室的案件，最重要的不是密室是如何建立起来的，而是为什么要建立密室。很多人把密室想得玄之又玄，因为在密室害人多少有些匪夷所思。这种想法是对的，在现实中，密室害人并不多，密室的种类也是相当少的。很多密室实际上建立在人的心理上，这种密室我们称之为“心理密室”。

破坏遗体： 用破坏遗体的方式隐藏死者的身份，这是比伪造死者身份更容易的方法，也更奏效。但是由于DNA鉴定的出现，识别这种方法并不是不可能的。

“不在现场”： 除了买凶杀人、遥控杀人外，并没有真正的不在现场的杀人方法，但凶手总是想方设法让警探们相信，在凶案发生时自己不在现场。

案例分析——“不在现场”

为了实现“不在现场”这个目标，有的凶犯伪造案发时间，有的打时间差，例如日本的经典侦探小说中，就有罪犯利用火车在站台停车的那一小会儿时间，溜到受害人所在的另一辆火车上，害死人后又迅速溜回自己所乘的火车，作案手段堪称神不知鬼不觉。要不是有灵感的侦探想到查火车时刻表的话，凶手就得逞了。至于请自己的双胞胎兄弟姐妹帮忙伪造自己不在现场的证据，就属于比较弱智的方法了。

2. 逃——

犯罪老手会在作案前就考虑如何迅速逃离作案现场，如何逃避警察的追捕。

摩托车：是恐怖主义者经常使用的作案工具，它高速机动，在城市繁忙的交通洪流中，它几乎可以轻易追上任何汽车，也可以飞速摆脱交通堵塞。而且使用它还有一个优势——摩托车头盔，它是完美的伪装，几乎没有谁能辨认出头盔下的人的长相！当现场出现大型摩托车时，警探一定要予以高度重视。

易容：易容是罪犯逃脱惩罚时经常会采用的方法。小规模的易容就是化妆啦，这种办法短时间应急是没问题的，但是如果要展开新生活就不行了，人不能永远化妆演戏啊！于是，整容就换上阵了，罪犯或者除去脸上明显的斑痕印记，或者干脆来个大变样儿，让自己家人也认不出。但是，整容也不是什么保险的方法。曾经有过报道，警方就抓获了这么一个通缉犯。警察看到他的时候，他当然和通缉令上的模样完全不一样了，但是一个警察无意中看到他手腕外侧的文身，想起了通缉犯的身体特征中有这么一条，就把他叫住了。故事的结果证明，整容也逃不过法律的制裁。

偷梁换柱——顶罪：顶罪的本意也许是好的，但不管什么原因，犯罪者应该“一人做事一人当”，不应该逃避责任。

案例分析——偷梁换柱——顶罪

傍晚，一个五岁的小女孩儿玩滑板的时候被汽车撞倒。女孩儿当场死亡，肇事汽车逃逸，气愤的调查人员发誓一定要找到凶手，可是现场留下来的只有刹车痕迹。不过在检查尸体时，法医发现女孩儿的臀部留有奇怪的印记，经过法证人员的辨识，他们发现那竟然是车牌的一部分！有了部分车牌，又有轮胎的痕迹，两者结合，调查人员终于找到了肇事车，然后找上门去。迎接他们的是爷孙两人，这个家只有这两人相依为命，爷爷已经是古稀之年，孙子刚刚成年。爷爷很镇定地承认是自己撞死了孩子，他本来打算安置好孙子就去投案的。但是调查人员却不相信爷爷的话，因为汽车驾驶座位被调得离方向盘很近，高大的爷爷根本就坐不进这样狭窄的驾驶座，而且打开汽车音响，里面播放的是激烈的摇滚舞曲，这不可能是爷爷开车时爱听的东西！再仔细搜检，他们发现，由于剧烈的撞击，方向盘的硬塑料里竟嵌进半枚牙齿。有了这个证据，调查人员再次找到爷孙俩，他们先要求检查爷爷的牙齿，爷爷很痛快地摘下所有牙齿递过来，原来他戴的是假牙，这些假牙一个不缺。等他们转向孙子时，孙子站出来承认是自己撞了女孩儿。当时他怕极了，就给爷爷打电话，爷爷命令他逃走，然后告诉他由爷爷来顶罪。故事的结果是孙子锒铛入狱，爷爷因为妨碍司法调查被判缓刑，他的爱并没有挽救孙子。

伪造身份：以前的假身份要从出生证开始着手伪造。现在，一个十几岁的少年黑客也可以闯入政府系统按客户要求修改编造假身份。你输入指纹，却做梦也想不到电脑里出现的信息是假的。卧底人员经常使用这种方法伪造自己的身份和经历。

冒名顶替——装死：这是一种相当有效的逃亡方式，但是同样逃不过侦探的利眼。侦探小说里冒名顶替，假死逃避的段子也很多，如福尔摩斯的《诺伍德的建筑师》、《恐怖谷》都曾用这样的手法讲故事。想必以后这类故事还会有很多，因为总会有罪犯不死心，想借助这样的方式逃避法律惩罚。不过，在高明的侦探面前，再狡猾的罪犯也会露出马脚的。

案例分析——冒名顶替——装死

唐朝武则天时代，狄仁杰就遇到过这么一个案子。古董商潘某出外经商，他的妻子却被发现死在自家床上，死状很惨，已经面目全非了。狄仁杰接到报案，赶到现场，发现屋里有一个新油漆的小茶几被人碰过，上面留着一个模糊的掌印。死者潘氏的外衣鞋袜尽被除去，但是屋里装着四季衣服的箱子却整整齐齐，没有翻过的痕迹，手下在其中一个箱子里还发现了几件贵重的金首饰。手下人凭着经验，认为死者的丈夫潘某有重大嫌疑，应该尽快抓捕归案。但狄仁杰并不赞成手下人的观点，他说潘某既然杀死妻子，除去她的外衣鞋袜，为什么不带走那些贵重首饰，而且家里还有一些散碎银两也都在，潘某没有理由留下这些东西啊！再者说，死者年纪轻轻，潘某却已是花甲之人，要杀死妻子实在不是一件容易办到的事情。不过狄大人也认为应该尽快找到潘某，他可能会提供一些断案所需的线索。不久，潘某就被带到狄仁杰面前，他说自己的妻子最贪图富贵，尤其眼红别人家妇人的富丽衣饰，经常抱怨丈夫小气抠门。而且最近一段时间来，潘氏的神情有异，潘某已怀疑她有隐情。至于那些贵重首饰，潘某一口断定没见过，而且说也不可能是妻子的陪嫁。至于那个小茶几，既不是自己也不是妻子碰的，因为家里人都知道新油漆有毒，碰到的部位会疼痒难当，不医治的话，皮肤会化脓。听了潘某的陈述，狄大人已经有谱了，他带着大家再次来到现场，吃惊地发现原先摆放得很齐整的衣箱被翻得乱七八糟，金首饰也不见了。狄大人让潘某查点，潘某看后说，妻子最珍爱的两件衣服不见了。听他这么一说，狄仁杰更是胸有成竹，命人到药铺查访，不久，果然查到本地有一富商派人去抓过治漆毒的药。狄仁杰将富商抓来审问，富商果然供出自己和潘氏有私情，贵重首饰就是他赠给潘氏的。为摆脱潘某，他两人商议让潘氏假死，为掩人耳目，他们找来一具与潘氏形貌相似的新死女尸，又毁去尸体容貌，为它穿上潘氏的内衣。本以为这么做万无一失，但富商匆忙间碰到了茶几，手中了毒，只得医治。而潘氏不舍得富商送的首饰和那两件心爱的衣服，又差富商潜入家中取回衣服，没想到被狄仁杰候个正着。狄大人一是觉得贵重首饰来历可疑，如果不是潘某买的，便是某个富人所赠；除去死者衣服鞋袜也让他觉得多此一举；而金首饰和“死者”心爱的衣服的失踪更是让他觉得潘氏没有死，而是装死躲起来了。

伪装：当现场一片混乱的时候，把自己伪装成救援的人、被救援的人、警察或者看热闹的人，都是很有效的逃亡方法。当然，用这种方法逃得了一时，逃不了一世，企图靠这种办法彻底摆脱法律的制裁？不可能！

案例分析——伪装

《沉默的羔羊》里的杀人魔王汉尼拔处心积虑地想逃离笼子。终于，他摆脱了枷锁，杀死了两个看守，毁去他们的面目。然后藏起其中一个看守的尸体，穿上他的衣服，躺在地上假装受伤的看守。救援的人赶来，找不到杀人魔王，但发现地上有一个看守还活着，忙把他抬进救护车送去医院。殊不知这个所谓的幸存者正是大魔王，结果被他劫持了救护车逃之夭夭。

3. 吓——让警探知难而退对罪犯来说也是种手段。

威胁：无论采用何种方式，来自罪犯的直接或间接的威胁，目的永远都只有一个，那就是要侦探放弃调查。

当侦探受到威胁时，就意味着自己已经开始逼近真相了。所以，威胁是一种欲盖弥彰的蠢办法。

施压：与来自于罪犯的威胁不同，这种压力往往来自高层，也许是对长期破案不力的失望。无论何种原因，对侦探来说，被人施压都会让办案变得更不容易！

4. 急——
狗急难免跳墙，罪犯急难免孤注一掷。

行凶： 罪犯狗急跳墙的终极形式是行凶杀人，其结果不得不防。侦探在即将追踪到罪犯的时候，一定要防止对方狗急跳墙。在这种情况下，侦探保护自己的最佳方式就是与团队保持紧密联系，绝不单独行动，同时，尽可能不让罪犯离开自己的视线。

暗杀： 暗杀一般是团体犯罪狗急跳墙的形式，它往往发生于其组织面临崩溃时，他们将暗杀视为解决问题的最后手段。由于对方也是团队，这种暗杀实际上是很难预防的，而且一旦发生，后果很严重。

胁迫、监禁与斯德哥尔摩综合征： 有的时候，胁迫、监禁是罪犯使自己的支配欲获得满足的方式，更多的时候，这是罪犯狗急跳墙时采取的“自救”措施。不论哪一种情况，它们都有可能引起斯德哥尔摩综合征。斯德哥尔摩综合征又称斯德哥尔摩效应、斯德哥尔摩症候群，或者被形象地称为人质情结或人质综合征。这种综合征是被害者对犯罪者产生好感、依赖心，甚至反过来协助犯罪者加害他人的一种情结。心理专家认为产生这种心理的原因在于受害者与绑架者共同生活，为了活命，受害者认为自己必须要获得罪犯的好感，要承认对方的权威。当他们感到自己不会获救，就会对罪犯渐渐产生某种程度的认同感，这就是“人质情结”产生的原因。

斯德哥尔摩综合征：它被冠以“斯德哥尔摩”，是因为1973年8月23日，两名劫匪闯进瑞典首都斯德哥尔摩一家银行，扣押六名职员作人质。一星期后，人质获救，奇怪的是，获救的人质反而闷闷不乐，对警察表现出明显敌意。更出人意料的是，其中一名人质竟爱上了绑匪，跑到监狱要与他私订终身，另有一人则四处筹钱，请律师为绑匪开脱罪责。

关键词
——犯罪规律与常见手段

冲动杀人：属于非预谋杀人。但是非预谋不等于可以姑息，因为罪行可能会因为冲动而变得极为恶劣，甚至令人发指。所以这类冲动杀人的凶手仍旧可能会面对法律的制裁。

处决：向脑门心或后脑开枪，经常意味着犯罪团伙或个人的报复行动，调查可以从这里入手。

掉包计：古老的骗术，专门蒙蔽摄像头、人的眼睛和头脑。施展掉包计主要适用于任何有价值的财物。有的时候，受害人、关键证人和嫌疑犯也会被一些特别阴险的人掉包。

毒贩子：利用他人，尤其是年轻人的软弱和健康来牟取暴利的丧尽天良的家伙被施以重刑。亚洲许多国家，情节严重的贩毒行为都可能判处死刑。

毒品：在人类的早期活动中，兴奋剂、麻醉剂在医疗过程中就已得到使用。后来，随着科技的发展，出现了合成的毒品。现在，由于成本和法律的制约，合成毒品种类越来越多，药效越来越强烈，越来越便宜，所以，毒品的受害者越来越多，也越来越年轻。为了生活得幸福健康，必须远离毒品的诱惑。

地狱天使：重型摩托一族，他们明明是来自“地狱”，不知为什么还自称“天使”。对他们来说，最酷的事情就是骑上哈雷摩托，成群结队地霸占公路，耀武扬威。酗酒、暴力、喧闹是他们的标志，从这些方面来说，他们是骑着摩托的朋克一族。

赌博： 恶性恶习，极难改正，有人曾经这样说过赌鬼：“你就是把他的九根手指头砍掉，他也要用剩下的那一根来摸牌。”这种恶习不仅会导致一个人暴力冲动、家庭破裂，还会直接导致杀人或被杀，或者沦为帮助他人作恶的工具。

恶作剧： “当你认为没有问题的时候，那正是你的问题之所在。”这句话适用于恶作剧制造者。恶作剧失控演变成罪行，对搞恶作剧的人和恶作剧的受害者来说，是最大的悲剧。

犯罪时间： 喜欢动脑筋的罪犯是一定会在这方面动脑筋来证明自己案发时不可能在现场。他们会砸碎钟表；撒谎找假证人；找替身；修改录像……无所不用。

棺材： 地下的隐蔽处，不适合藏活人，但自古以来就是藏死人和财宝的好地方。

过失杀人： 这不是谋杀，但无论是现实还是小说中都有人为掩饰过失杀人而犯下无可挽回的过错。也许当初乖乖承认自己的过错付出的代价会小得多。

咖喱： 独特的口味，可以掩盖一些更为特殊的味道，比如砒霜、泻药什么的。

灰衣服： 低调保守的人常会选择灰调子的衣服，某些不想被人注意到的人，比如凶手、杀手也会选择这样的衣服。

海洛因： 这种半合成毒品，它会作用于中枢神经并使人上瘾。使用者的手臂上会留下累累伤疤，这是长期注射的结果。使用者不是死于这种毒品的过量使用，就是死于戒断反应引起的各种并发症或者干脆死于毒品使用者之间的暴力伤害。

“黑寡妇”： 它是一种毒性甚巨的蜘蛛，人们也用其代称嗜杀成性的危险女性。从20世纪开始，人们又开始用“黑寡妇”来代称来自区域冲突严重地区的那些进行自杀式攻击的妇女，她们往往因家中男性成员的死亡而沦为复仇的工具，不论是对她们自己还是受害的人们，“黑寡妇”的存在都是悲剧。

假身份： 假身份与假身份证明同时出现，这是供需关系决定的。历次战争中的间谍行业使得身份造假越发产业化、专业化。虽然假身份一旦被人怀疑很容易被拆穿，问题是，谁会去怀疑身边的人身份是假的呢？

假发： 罪犯常使用它隐蔽身份。有时它们的色彩很不正常，鲜艳得惊人，却能够成功地吸引目击者的注意力，使得他们忽略罪犯其他的重要特征，从而达到隐身的目的。

假设的无辜者： 在美国，每一个嫌疑人，在罪行被确认之前，都被假设成是无辜者。

精神疾病： 绝大多数患有精神疾病的人都比你想象得更隐蔽、更精明，这也许是因为他们早已习惯在众人面前掩饰自己的缘故吧。

假失忆： 这是逃避和掩饰的方法，女性罪犯使用它的时候十分令人怜惜，但是，使用它往往意味着更大的罪行。

假币： 随着货币的出现，假币也随之而来了。一般来说，假币的出现和使用是为了获利，但有的时候，假币的出现和使用就是为了扰乱敌对国的币制，给他们造成极大的困扰。第二次世界大战的时候，同盟国和轴心国双方都这么干，所以战后，大部分国家都重新发行了钞票。

可卡因： 它是南美洲高山植物古柯叶的萃取物，是一种有兴奋作用的毒品。使用者的鼻孔上有时会残留一些白色粉末。神经中枢的兴奋会使人无心睡眠，也感觉不到疲劳，有的模特和演艺圈的人会采用这种方式保持身材和精神头儿，这种方式无异于“饮鸩止渴”，非常要不得。另外，长期使用兴奋剂也会使人严重缺乏判断力，是非沦丧，甚至导致残忍的暴力事件的发生。

旅游胜地： 通常为罪案密集发生地。如东方快车、尼罗河、赖幸巴赫瀑布等等。

类固醇： 非法激素类药物，会创造出肌肉战士，也会导致癌症和精神病。

危险的公鹿： 用来比喻危险的杀手。现实中的公鹿绝非动画片中小鹿班比那样温驯甜美，它们是杀手，欲望使它们充满杀意，巨大的鹿角和体重就是凶器。每年死于它们手中的母鹿和小鹿的数量之多说出来会吓坏你。生活中千万不要让这类“公鹿”蒙蔽你的眼睛，否则悔之晚矣。

连环杀手： 指的是作案超过三次以上的杀手。他们选择受害人有时有特定范围，有时没有；有时有作案区域，有时没有。他们大多智商较高，易偏执，且在两次作案之间有一段间歇期。当间歇期开始缩短，意味着凶手越来越难以控制自己的杀人欲望。不过这也意味着他犯错的可能性在加大，侦探们也就有更大的破案概率。但是即便如此，也要加紧追查，侦探必须记住，越晚抓到他，就会有越多的受害人。

灭口： 字面意思为消灭你的嘴巴，引申为让你永远无法再开口泄露秘密。我们通常以为最危险的敌人才会这么做，但实际上，有时，你认为不是敌人的人也会灭你的口，这些人比最危险的敌人还要危险。

内鬼：不是奇幻故事中的鬼魂，而是与敌人相互勾结、里应外合的人。顺便说一句，在战争中，他们叫内奸。

朋克：造型独特的家伙，用皮夹克、鬃毛发型、各种穿孔文身、大量的链条、尖钉和恶犬用的项圈装饰自己，其中后几项使他们在攻击他人时占到很多便宜。谨慎的人一定要躲他们远远的。

朋克和地狱天使：他们是近亲，互有交集，暴力是他们的惯用手段。在小说和影视中，他们经常被更大的恶人利用，成为掩护和打手。

人贩子：一种作孽的职业。人贩子通常没有“人”的意识，他们的行为经常会使被贩卖的人处于极大的危险当中。

塑性炸药：种类很多，有一种被称为C4炸药，它是一种貌似黏土的烈性炸药，威力很大。这种炸药的危险性在于它的隐蔽性，有的恐怖分子会把塑性炸药压扁，然后塞进钱包里，不打开的话，安检人员完全看不出这个钱包有什么危险。

水肺（便携式水下呼吸装置）：为了防止坏人放空氧气或者在里面注入过量的氮气代替氧气，使用水肺前一定要仔细检查，确保安全。

伪证：谁作伪证，谁就是作案者本人或者共犯，至少可以控告他作伪证或者妨碍司法调查。难的是怎样才能证明他在作伪证。

伪造死亡时间：总有人想方设法为自己制造不在现场的证明，其中很常见的方法是伪造死亡时间。为此，凶手们在严冬时大开窗户，关上暖气；盛夏时，把空调开得极低；甚至还有人把尸体冰冻一段时间后再扔到外面。不过，这些当然瞒不过侦探！这么做只能帮侦探找出真正的时间作案和罪犯。

凶手： 顾名思义，你可以把他们想象成拥有作恶之手和作恶之心的人。不管他们作恶有着怎样的原因，我们都有责任把他们找出来。

银行： 一种非常容易让人产生犯罪冲动的场所，一定要严加守护。

邮票： 注意，我们这里谈的是珍贵的邮票，抽屉里那些到处乱放的不算。珍贵的邮票一直是罪犯和潜逃者极其喜欢的“战利品”，知道为什么吗？因为它们实在是太好隐藏了！

医用喷雾器： 用于将药物均匀吸入鼻腔或口腔的小型器皿。使用者应经常检查这些救命物，让它始终处于足量的状态，这么做，就可避免因某些居心叵测的家伙把药剂放空而产生的危险了。

预谋杀人： 这是很恶毒的行为，动机即使可以理解也不可原谅。在美国，这种罪行经常会被判一级谋杀罪，罪犯会被处以死刑、无期或长期监禁。

假钻石： 钻石由于其高昂的价值成为罪犯的目标，他们会想方设法得到这些美丽珍贵的小石头。有时候，他们会用假钻石与真货掉包，不过告诉你一个区别真假钻石的方法——向钻石吹一口气，出现冷凝现象的就是假钻石，真钻石上的哈气会很快消失。

隐蔽处： 对一个人来说，如果有能力的话，混进官场确实是非常好的隐蔽方法，只是略有些超现实，还是市井人群中更适合隐蔽，因为一粒沙子藏在沙滩上最不容易被人发现。但从另一方面说，作为侦探，即使是大侦探，最难对付的也是那些混进官场的罪犯。

走私： 一种存在时间非常长的非官方贸易行为。在这个海上贸易日益发达的时候，禁而不绝的走私行为就出现了。虽然有执法人员严加防范，但总有一些大胆狂徒在交易毒品、香烟、烈酒、宝石、武器、货币甚至活生生的人。从古至今，从陆地、海洋直到天空，走私者的经营范围其实并没有太大的变化，只不过采取的手段随着科技的进步在不断地演变，缉捕走私者的难度也在不断加大。

野外： 这里发生的谋杀案经常被伪装成野兽伤人事件。当然，野外也有不加掩饰的赤裸裸的伤害，凶手这么做可能是觉得尸体在野外不容易被发现。事实上，除极个别情况下，尸体在野外和人烟稠密地区被发现所需的时间几乎差不多。

侦破手法大观

一、最佳原则——团队

在现代社会，要想成为一个了不起的大侦探，最重要的就是尽快组织一个功能全面的侦探团队。

罪犯永远是少数，即使有犯罪团伙存在，他们依旧是极少数，相对于民众来说，他们从灵魂到肉体都是渺小的。你拥有一个团队，就拥有了化零为整的力量，就像把叉开的五指收缩成一个拳头，单指的力量再大，也戳不倒敌人，用拳头却可以让敌人尝到他们自己鲜血的滋味。

在团队中，你要像一个父兄，关心爱护每一个人，这样你才有支配大家的权力。再加上拥有过硬的各种素质，你就会获得尊敬、服从、帮助和支援。

团队成员要能文能武，但要保证每一个人都能动脑子做事，能身兼数职就更好了。以下人员是团体极为需要的：

法医朋友——这些科学家，他们在医院里被叫作病理学家，为死者提供最后的诊断；在侦探团队里，他们是现代刑侦不可或缺的人员，他们的证词是法律最强有力的武器之一，为死者提供昭雪复仇的证据。

法证分析朋友——他们也是科学家，而且是精通各种学科的多面手，在侦探团队里，他们的作用等同于法医。

二、破案常识与技巧

《血字的研究》为我们了解调查程序做了最好的示范，福尔摩斯也好，普通警察也好，所有的警探在调查时都要遵循一定的程序，从查找到犯人落网，全套程序缺一不可。

1. 现场——

这是警探大显身手的第一个地方，因为绝大多数证据都出自于此，一定要重视。

隐藏证据的地点：按照隐秘程度和检查的难易程度划分，侦探应该认真对待的地点依次为——卧室、厨房、卫生间、玄关、屋外后花园。客厅因为人来人往，隐蔽性不够，所以罪犯一般不会把物证藏在客厅里。从表面看，玄关的隐蔽性也不好，但是由于进门后，人们通常都会径直进入功能性房间，所以玄关反而是很容易被人忽视的地方，应该予以注意。

永远都要观察目击者： 老练的侦探不仅会注意观察嫌疑人，而且还会观察出现在现场的目击者。不是有调查发现出现在现场的第一个目击者就是罪犯的可能性非常高吗？在纵火案中，纵火者本身就经常会出现在火场的旁观者当中，他们以周围人的关注作为享受。所以侦探的眼睛不能只盯住一个地方。

案例分析——观察目击者

美国曾发生过一桩案子，有人把受害人受到伤害的录像上传到网上，调查人员追踪网上的线索，一直追到嫌疑人的家里，结果发现嫌疑人正挥舞着手枪，威胁自己的男友，要杀死他。男友非常害怕，年轻的调查员急忙举枪对准嫌疑人，但是老练的老调查员却把枪对准了男友，理由是现场有录像机，对准的却是嫌疑人，可见她才是受到伤害的人。检查的结果表明，女嫌疑人的外衣下缠满了炸药，引爆器正在她的男友手里！

垃圾桶： 垃圾桶是个找线索的好地方，只是扔东西的人自己没有意识到这一点，但任何一个老练的侦探都不会忽视检查垃圾桶。对普通人来说，垃圾桶里的东西就是垃圾，但是，这些肮脏异味的东西，比如一块还潮湿的纸巾可以告诉我们疑犯刚刚离开，而被揉成一团的包装袋很可能告诉我们他随身携带了什么。

厨房： 出人意料的是，厨房是藏东西的好地方，其隐秘程度仅次于卧室和卫生间，这是由厨房里的杂乱东西极多决定的。在厨房里藏东西，可以让最有耐心的侦探头疼！正因为如此，厨房也是搜查的重点之一。

案例分析——厨房

曾有一次，四个调查人员搜查嫌疑人的家，为的是寻找一个优盘。他们从上午一直搜查到深夜，仅在厨房就呆了五六个小时，调查人员一个劲地抱怨厨房那些五花八门的坛坛罐罐，实在是藏东西的好地方。最后，你猜优盘是在哪里找到的？它被藏在厨房壁橱里的一盒燕麦片里了！

封锁消息： 这是警方最希望做到的事情，既可以防止泄露案情，又可以使证人的证词不受成见的影响，增强其可信度。而且当一个人说出只有警方才知道的现场情况时，就可以证明这个人是知情的人，或者就是罪犯本人。

不公开的细节： 这种不公开是封锁消息的一种，如果实在无法阻止媒体出现在现场的话，那么警方一定要保证自己手中留有一些绝不能公开的细节，用于指证罪犯。因为按逻辑来说，死者身边出现的最后一个人应该就是罪犯，只有他才会知道比警方还要多的细节。

2. 询问目击者与证人——

在现场，警探们要尽量留下目击者与相关证人，要想办法从他们那里得到尽可能多的线索。

寻找死者最后的行踪： 这是非常重要的工作，可以帮助警方确认死者的死亡时间，确定死者的死因，还可以找到潜在的嫌疑人。

套话诱导： 《四签名》里福尔摩斯诱导船主太太说出曙光号的外表的经过，就是最好的套话诱导的例子。

打赌： 对那些狡诈自得、绝不愿轻易开口的人来说，打赌是他们无法抗拒的开口魔咒。对付某些自命强硬的人时，和他们好言好语达不到目的，但打赌的方式却符合他们的心理，可以让他们放松警惕说出警探想知道的事情。

福尔摩斯案例分析

在《蓝宝石》一案中，福尔摩斯追踪鹅的线索来到市场，货摊的主人对他的询问竟然大动肝火。对这样的人，福尔摩斯声称自己和朋友打赌，说自己吃的鹅是在农村养大的，而且还愿意和货摊主人打赌证明这一点。结果货摊的主人就上了当，向福尔摩斯提供了鹅的出处。

3. 核对（质询）证词——

对所谓的证词，一定要追根究底，这才是真正的核实。作为一个侦探，决不能听信一面之词。这是侦探获得突破的关键。

连珠炮： 这种方式不会给对方以喘息、思考的工夫，可以减少撒谎欺骗的机会，这样侦探就有更大的可能获得自己想要的东西。

各个击破： 抓住一整个团伙时，侦探们一定要在第一时间进行分别讯问，以免串供。

打乱阵脚： 用连珠炮式的威逼可以加大压力，打乱对手的阵脚，使他乱了方寸。

诱供： 可以用这种方式对付年轻的团伙成员。当同伙们逞英雄时，老练的侦探常常会对他们分别说“哦，某某某可不是这么说的……”，这样一来，即使他们怀疑警察在虚张声势，也迟早会有人松口的。讯问团伙就是这点好，一个松口，等于各个击破。

重复提问： 连珠炮式的重复提问迟早会让心里有鬼的人出现前后不一致的说辞，通过这样的提问，侦探早晚会找到对方的破绽，然后咬住不放就行了。

沉默施压：对那些新手、不够自信，或者濒临崩溃的讯问对象，用沉默来开始讯问是一种施压的好方式。在这种时刻，沉默变成了一场比赛，当被询问的人开始问侦探为什么的时候，就是讯问将要获得突破的时刻。

持续施压：这种讯问方式可能会持续好几天，一般来说，被询问人最后会因为精神受到持续的压力而崩溃。例如，中央情报局对待嫌疑人最常采用的讯问方式，就是扰乱被讯问者的睡眠，让他长时间不能睡觉。小说中的梅格雷探长也自称曾对嫌疑人采取过持续施压的讯问方式，他讯问的对象无论如何都不肯开口，梅格雷就把他关在审讯室里，让他随意吃喝，也允许他睡觉，但是不允许离开审讯室。三天后，嫌疑人崩溃了，是被自己的屎尿味儿逼得崩溃的，他再也无法忍受就开口了。

攻心为上：杀人莫过于诛心，要想从嫌疑人嘴里获得关键证据，最好的办法恐怕就是攻心了。可以用各种方式让嫌疑人感受到压力，例如让他周围都是受害者、敌对者；询问他的时候，不是问他做了或者没做，而是直接问他为什么要做；或者用各种方式让嫌疑人放松警惕，假装对他表示同情，也可以把犯罪的责任推到受害人或者社会上，还可以故意让嫌疑人感觉事态没有那么严重。总之，攻心的时候要软硬兼施，时而粗鲁，时而文雅，让嫌疑人摸不清规律，只要向嫌疑人施加压力或让他放松警惕，迟早会有收获的。不过，攻心虽然有效，但要把握住尺度，否则物极必反，容易弄巧成拙。

4. 追踪线索——这是获得关键突破的途径。

搜查： 搜查是获得关键证据的重要途径，侦探在搜查时需要有极大的耐心和极度的细心，对待搜查范围内的任何物件都要保持同样的认真态度，因为你可以猜测证据在哪里，但是只有真正把证据握在手里，搜查才算结束。

跟踪： 警探跟踪时，一定要注意自己所跟踪的人到了什么地方，都见到了什么人，必要的时候呼叫后援。跟踪是一件要有耐心、有预见并且需要果断判断力的事情。不能操之过急，因为跟踪永远是为了获得不可动摇的证据，是为了放长线钓大鱼。

偷拍： 这是一种放长线钓大鱼的方法，专门用于对付那些潜伏起来的罪犯。侦探们可以对一些嫌疑人假装不闻不问，放他们在外面自由游荡，同时派人携带照相机跟踪。拍照时携带的照相机一定要够好，清晰度一定要够高，这样才有可能放大出细节。在拍

照时，侦探一定要假设自己没有目标，将与“小鱼”碰过头的所有人都拍下来，他们之间的一举一动也决不能错过，这样才有可能从中找到潜伏的接头人。

虚假的安全： 这是一种伏击。对那些精于“打牌”的狡诈老手，想从他们那里获得突破，侦探们就要为他们建构一个虚假的安全。他们只有感到自己处于安全当中，才会打出手里的“大牌”，才有可能出错！这时候，侦探们只要守株待兔就可以抓现行了。

5. 抓捕——
收网要收得紧密才不会功亏一篑。

抓现行： 这是让罪犯无可抵赖的最好方法。抓现行，可以事先安排好人证，随身携带录音机，在稍远的地方进行录像拍摄。要记住，抓现行虽然行之有效，但是对自己和证人却有一定的危险性，一定要尽可能做到万无一失。

设埋伏： 设埋伏是抓现行的极佳方式。福尔摩斯的《空屋》就是极好的设埋伏的例子。

福尔摩斯案例分析

在《最后的致意》里，柯南道尔让福尔摩斯和他的死对头莫里亚蒂教授一同摔下赖幸巴赫瀑布。（但是迫于读者压力，柯南道尔又不得不想办法让福尔摩斯复生）逃出鬼门关的福尔摩斯在世界各地漫游，一边躲避莫里亚蒂余党的追踪，一边反过来想办法围剿这些余党。最后，为了抓捕莫里亚蒂最得力的助手，他回到伦敦，在帮助华生破案的同时，故意暴露自己的存在。他为自己订做了一个惟妙惟肖的蜡人替身，让房东太太躲在蜡人下，每隔一段时间，让假人在屋里走动一阵子。福尔摩斯则和华生躲在住宅对面的空屋里，等着莫里亚蒂的余党现身。余党带着一杆长枪悄悄潜入空屋，朝对面的假人开了枪，福尔摩斯则扑到他的身上，逮住了他。

欲擒故纵：选择这么做的侦探多少会有些风险，因为欲擒故纵和放虎归山只有一步之差，所以没有充分把握时，最好还是小心操作，免得后悔。为了避免出现放虎归山的后果，侦探需要严密监视、控制自己放走的小角色，不管是在他身上放窃听器还是放全球定位系统，或者派人跟踪，总之只要不让自己的诱饵失去踪影，总能钓到大鱼。

声东击西： 当不明确敌人的力量是否比自己大的时候，攻其不备是上选。在这种情况下，声东击西，调动敌人，在他们摸不着头脑的时候突然出击，胜算就会比较大了。很多时候，处于弱势的侦探就是这样做的。侦探在楼上躲在暗处，手边能称得上武器的只有一把椅子。罪犯上楼来了，一步步逼近，手里拿着一把枪。就在这危急的时刻，旁边房间响起了刺耳的闹钟声，罪犯吃了一惊，本能地向闹钟响起的方向连开数枪。这个时候，侦探跳了出来，抄起椅子砸过去。罪犯倒下了，侦探走到闹钟响起的地方，拣起自己刚才故意放在那里的手机，手机早已被设定成闹钟模式。不要小瞧这种小办法，它们可能会在关键时候救侦探一命呢！

6. 援助——

这是特殊情况时需要的帮助。

非己方： 获得自己一方的支持不是稀罕事，能获得不和自己站在一条战线上的人的支持才是本事。侦探要调查出除了自己，罪犯是否还有其他的对手，然后还要调查那些对手期望从罪犯那里获得什么，这样才有可能从罪犯的对手那里获得帮助。虽然很多有能力的侦探不会放过任何一方的支持，但是期望从罪犯的对手那里获得帮助，有时也会有危险，因为和罪犯联手，就像在刀锋上跳舞，一不留神，就会失足。那些和黑手党同流合污的警察之所以会堕落，也许就是从这种合作开始的。

关键词
——破案常识与技巧

安慰行为： 这是一种处于焦躁不安的心理状态时摆出的不自觉的姿势。男性喜欢摆弄自己的领口，仿佛要给自己留出呼吸的空间似的，女性常见的安慰行为是抚弄自己喉咙下的凹陷处，只是这种姿势被表现得仿佛在摆弄自己的项链似的。在提问时，你不应该忽略这些信号。顺便说一句，对某些人来说，咬指甲和挖鼻孔也是一种安慰自己的行为，这是真的。

安全屋： 为保护某个重要的人，把他（她）带到一间相对不为人知的房屋里隐蔽起来，这样房屋被叫作安全屋。千万记住，安全屋只是相对于被保护人自己的家来说是安全的，所以除了被保护人，还有负责保护的人，大家一定都要随时保持极高的警惕性，坚决不给陌生人开门，也不能单独行动。总之，正是因为住在安全屋里，被保护人反而不能掉以轻心。

八卦： 这是一种专门针对名人明星的另类新闻，来源很可疑，而且经常被证明为子虚乌有。但对侦探来说，搜集来的八卦新闻越多，所能获得情报也就越多。面对八卦，你唯一需要做的就是从它们当中找出线索来，这就是“八卦易得，线索难求”。阿加莎·克里斯蒂笔下的马普尔小姐是搜集八卦并从中获得线索的大专家。

窗玻璃： 在调查从窗户或玻璃门闯入的案件时，侦探首先察看玻璃碎片。通常情况下，**落在室内的玻璃碎片可以证明窗户是从外部被击碎的，落在室外的玻璃碎片可以证明窗户是从室内被击碎的，所**

以出现这种情况的事件很耐人寻味，一定要认真对待。

窗户：这是由专业设计师设计的，在墙上开的规则的洞，比门小，但功能类似，是专为空气流通、采光、窥探、闯入或逃跑创造的工具，也是警探们在勘查时需要特别注意的地方。

床铺：温热的床铺表明睡在上面的人刚刚起来，这是搜查屋子时要注意的线索。

抽屉：藏零碎东西的地方，有时不希望被人看到的东西也藏在抽屉里。例如抽屉（不要是最底层的）背面很适合藏信封、照片等扁平物件。如果把这些东西用胶带粘好，那么即使胶带干了，东西也只是掉在底下的抽屉里，不会遗失。搜查时要注意这个地方。

大额支出：在罪案中，它常用于支付赎金、买凶杀人、支付勒索费用，赔偿受害人损失、支付侦探费用（以上费用是按数量多少排列的）。当对嫌疑人的调查陷入僵局时，我们不妨试着查下嫌疑人最近一段时间有没有分次的大额支出。

第一现场：指的是被害人死亡的原始地点，叫它为第一现场是因为有的时候，受害人被抛尸的地方并非受害的地点。第一现场被隐藏起来肯定是因为它隐藏了罪犯的大量信息，因此，找到第一现场是侦探们必须做到的事情。

道路施工：非常好的隐蔽手段，不管是钻出一条地下通道通向嫌疑人的下方，还是利用它在嫌疑人面前进行监视，都不易被人发现，助手也可以假扮工人堂而皇之地来来去去。

打猎：不是我吓唬你，打猎场是非常容易把人当作猎物的场所，而且总是被冠以“意外”之名。只要有意外发生，死者必然是被大号猎枪射出的大号子弹打中，死得一定很惨。对打猎场上发生的意外，侦探们要多留意，免得放走别有用心的人。

蹲守： 守在现场、大门内外等候嫌疑人、共犯、知情者或证据送上门，这就是蹲守。蹲守时一定要注意安全，最好以小组为单位，带好武器，以防凶手携带武器返回。此外，蹲守时要有耐心，因为这种等候会很漫长，有时还一无所获。此时一定要保持警觉，不能忽略那些容易被人忽略的“隐身人”，有时证据是由“隐身人”送上门来的，甚至凶手本人就是“隐身人”。

跟踪小组： 在现在这样的时代，一个老手可以利用厕所、出租车、地铁、巨大的购物中心轻易摆脱一个警探的跟踪。但是如果为自己配备一个男女老少兼备的跟踪小组，被识破和摆脱的概率会大大降低。

狗叫声： 有犬吠自然是有生人或不受欢迎的人来了；没有犬吠，可是主人却遭劫或遇难，闯入者恐怕是这家的熟客啦，这是常识。

案例分析——狗叫声

但是曾有这样一个案例，山庄的主人被发现死在了家里，周围的邻居都说案发那晚曾听见他家养的狗在狂吠，于是警察认为这是一起陌生人作案。但是老警察经过细心调查，发现事实不是这样。原来，这家的主人脾气暴躁，总是虐待狗，所以那条可怜的狗对任何友好的人都摇头摆尾，即使他是个陌生人，反而它只对自己的主人狂吠！那晚有狗狂叫，是因为主人曾经悄悄外出过，并没有什么陌生人出现。至于主人的死，那只是一场意外，没有什么凶手。

狗咬狗： 有时侦探追踪到两个嫌疑人，却没有足够的证据抓捕他们，可凑巧的是，这两个嫌疑人正好是一对冤家，这时候，侦探们就会想办法让他们狗咬狗，然后坐山观虎斗。这样做即使侦探无法从中获利，他们当中至少也会有一方受伤，也算是为社会做贡献啦。

灰尘： 家庭主妇们认为它是万恶之源，但是有经验的侦探可不这么看——灰尘堆积的厚度可以告诉我们这里有多久无人光顾；肮脏的书架上某一本干净的书会提醒我们书里可能隐藏着秘密。

婚外情： 婚外情本身就是婚姻的悲剧，如果有人沉迷其中，不择手段的话，就会有生命的悲剧了。夫妻一方出现意外时，侦探要考虑是否有婚外情在意外中扮演了角色。

假胡子： 仅供没有留胡须或没办法留胡须的人使用。女性侦探跟踪采用这种方式要注意着装，建议将假胡须搭配围巾、帽子使用。

缉毒犬： 一种天生就携带着缉毒利器的、非常有效的缉毒“工具”，虽然受训时间很长，投入的成本也很高，但是非常值得。很多毒品走私贩子在走私之前，一定要先探听缉毒犬在哪里，他们只要听说有缉毒犬在巡逻，宁可改期走私，也不敢冒险。缉毒犬唯一的缺点就是数量比警察少，分身乏术。

捆钞条： 银行捆纸钞的腰条非常紧，事实上，不弄破腰条取出钱币是不可能的。如果银行报案金库失窃，而金库地上有许多完整的捆钞条，那银行准是出内鬼了，或者这根本就是桩假案。

恐高症： 有恐高症的人不可能跑到高处自杀，另有杀人者。

炉子上的锅： 它们有时可以指点侦探知道做饭的人是何时离开的。如果发现炉子上有个锅，侦探会摸摸锅是不是热的，如果锅还是热的，那么要找的人应该刚刚离开，现在去追也许还来得及。

露天现场： 它们是很难保持原样的犯罪现场，尤其是雨季。如果有可能，就把它用帐篷罩起来吧！如果做不到，那就只能尽快收集证据啦！

门牌号： 在进入要搜查的房间之前，第一个警察一定要看下门牌号以确定自己走对了楼层。以前纽约的一队警察可是闹出过搜错房间的大笑话啊。

姓名牌： 它通常是国外住户挂在大门外的牌子，用来指引你看清楚自己要去的是哪户人家，别走错了。

目击者： 他们是侦探和警察一定要找到、要询问的重要证人，因为他们可能目睹了罪案的发生，看到了罪犯的形象或者逃跑时乘坐的交通工具。可惜的是，目击者的证词却是出了名的不可靠，经常会让侦探和警察做许多无用功。可他们的证词却又总是可以有效地缩小调查的范围，奇怪吧？

米兰达事件： 事件起源于1963年3月的亚利桑那州，一名女孩儿深夜回家时遭到野蛮袭击，根据她的指认，警方逮捕了米兰达。米兰达对此供认不讳，写了供认书，并签了字，法院据此判决米兰达50年监禁。米兰达不服，多次向美国联邦最高法院提出上诉，最终获得成功。米兰达认为自己当时的招供是被迫的，警察违反了不得强迫被追诉人自证其罪的宪法修正案第5条规定。美国联邦最高法院同意了被告的观点，认为：虽然被告肉体上没有受到强迫，甚至也没有人直接告诉他必须招供，但"心理上"的强迫是存在的，这样得来的供认的可信度很低，不应作为合法证据使用。

"米兰达警告"： 米兰达事件改写了美国的刑事诉讼法。"米兰达警告"确立犯罪嫌疑人的"沉默权"和获得律师帮助的权利。如果警察在审讯时没有预先作出警告，那么，被讯问人的供词一律不得作为证据进入司法程序。"米兰达警告"产生四十多年来，在美国妇孺皆知。因此，嫌疑人被捕后，都是开口就说："我要对我的律师说话"或"在同我的律师谈话之前我不想谈任何东西"。

美国联邦最高法院明确规定：在审讯之前，警察必须明确告诉被讯问者：

(1) 有权保持沉默；

(2) 如果选择回答，那么所说的一切都可能作为对其不利的证据；

(3) 有权在审讯时要求律师在场；

(4) 如果没有钱请律师，法庭有义务为其指定律师。

这就是米兰达诉亚利桑那州一案后所产生的著名的"米兰达警告"。

冒用身份： 这是罪犯躲避追捕的常用手段。这种手段的缺陷在于，每一个冒用者的背后都有一个活人或者尸体。盯住活人或尸体不放，侦探迟早能找到冒用者。

马桶水箱： 往里面藏东西有几大好处——隐蔽，除了专业人员和修理工不会有人去看；省水又冰镇，尤其是往里放酒的时候。不过，除了酒瓶，其他东西一定要包好，因为太潮湿！顺便说一句，马桶水箱是侦探一定会去搜查的地方。

密码记录： 为了保密，人们把密码设置得越来越复杂。不过，越复杂越专业的密码就意味着越难记，所以，有人会把密码记录在电脑里；有人会写张字条贴在抽屉里；有人会把密码分段抄写在墙上的照片上；还有些笨人，会把密码用记号笔抄写在书架隔板上。警探在搜查时都知道要去查这些地方，当然，他们自己的密码就不会这么处理啦！

破案模式： 破案总是要遵循一定的程序的。追问（证人）——追踪（线索）——追查（嫌疑）——追赶（元凶）——结案。这种模式不简单的地方在于：如何执行这一系列程序从而抓到罪犯。

人质： 罪犯狗急跳墙的时候会随便劫持任何人做人质。当然阴险狡诈的罪犯会在事前就为自己准备好人质，在关键时候用来挡子弹，这类人质往往是罪犯的熟人，甚至是恋人。虽然对这种罪犯，好的狙击手一颗子弹就可以搞定，但温热的鲜血飞溅到脸上，人质的心理会受到极大的伤害。所以最好的办法是由警察及时发现并阻止，或者劝服罪犯放下武器，而且越快越好，拖的时间越长，问题就越难解决。

搜查证： 记住，身为警察，一定要先拿到搜查证才能去人家搜查。否则，就叫“闯空门”了，这么做即使获得了证据，它们在西方法庭上也不会被承认。

手表： 观察手表可以看出一个人习惯使用哪一只手。

身份证： 这种在世界各地用于证明个人身份的小卡片非常有用，所以经常被人伪造。在极罕见的情况下，它竟然会被嫌疑人遗落在现场的衣服里，那天捡到它的警察真是中了头彩啦。别不相信我说的，美籍神探李昌钰就曾见识过这样的笨贼。所以，捡到现场上的衣服后，警探们都会翻检衣服，寻找有无身份证或类似的东西。

天主教神父： 天主教神父鼓励信徒忏悔，就像老师和爸爸妈妈。他们之间不同的是，你向神父忏悔后，他们不仅会代表上帝原谅你，而且还会和你一起“忘记”有这么回事，这种精神真值得学习。老侦探在调查天主教徒时，经常会找神父询问，一般都会有些收获。

拖鞋： 它们可以用于识别一个自称瘫痪在床或病重的人是否在说真话。当拖鞋尖对着床而不是对着屋门的时候，床上的人是不是真的不能下床，就成了警探要调查的内容。

Wu9： 当看到类似这样的号牌时，警探会确认下它会不会是6nM。

卧底： 卧底需要潜入敌营最深处。这是一种极其危险的工作，它的危险性一方面在于被抓住一定会死得很惨，家小也都会被危及，另一方面在于卧底卧得太成功，以至于心灵迷失方向，在敌我之间难以取舍，出现这种状况卧底的结局也许会更悲惨。卧底一定要有后援，这样才会降低卧底牺牲的可能性。

卧室： 作为住宅里最隐秘最自我的地方，隐秘程度等同于卫生间，用来隐藏不想被人发现的东西的可能性非常大。搜查时一定要仔细，一般会有所斩获。

询问调查： 没有固定的询问方法，采用的方法有效即可。人们在询问时对“亲和力”式或者“高压”式各有所爱。但有些老侦探认为，用蜜糖总能抓到更多的虫子。

现场保护： 第一个到达罪案现场的人有责任保护现场让其维持原样。可惜有时候，人们因为缺乏常识，或者因为过于震惊，很容易忘记这点。

现场还原： 一般情况下，侦探在脑子里还原现场。但当遇见难以解决的问题时，侦探有时会借助助手或者电脑来演示罪案的发生过程。有人说，现场还原算不得终极侦探手段，因为有的时候，随着现场的还原，问题好像变得更多了，但更多的时候，问题在演示的过程中就迎刃而解了。所以说，现场还原是一种非常有效的侦探手段。

小粉盒： 它是女侦探随身必备的工具。除了极为严肃的场合，女性几乎可以在任何场合打开她们的小粉盒。所以，在需要的时候，女警探可以借涂口红观察后面有没有跟踪者；把粉盒里的小镜子放在躺在地上的人的口鼻处可以观察他还有无呼吸；必要时还可以用小镜子来拾取指纹，要知道镜子是多么容易沾上指纹啊！

信箱： 侦探们在搜查和蹲守时要对信箱予以特别注意。当某些东西携带起来有危险，邮寄就是一种解决方法。

现场： 需要严加保护，而且在一段时间内还要派人在现场蹲守。有时，不知案发的知情人会跑来；作案人不知现场已暴露或因想取回被遗忘的东西也会返回现场。所以，蹲守人员要以小组为单位，携带武器，首先保证自身安全，其次才是制服对手。

询问记录： 侦探对任何一个与案件有关的人都要耐心询问，并且一一记录下来，必要时甚至要有录音。**记录是必须要做的**，这样日后才有可能从证词中发现前后矛盾的地方。

修车： 在一条停满私家车的路边修车，用这种方法监视人不可取，因为心存警惕的人很容易起疑。

颜色： 我必须说一句，它们最会耍花样了！不信，把自己的书包拿到贴了膜的汽车里去看看，在汽车里，它的颜色还是自己当初选择的那种吗？所以侦探们对证人们所说的颜色都会小心调查，否则，罪犯就要高兴死了。

异常气候： 预期以外的风霜雨雪都是异常气候。它们不常发生，一旦发生就很容易让罪犯产生有机可乘的念头，但罪犯经常会忘记，这些风霜雨雪反过来也可以证实罪案发生的时间，成为侦探的证据。这就是典型的“人算不如天算”。如果有人想当侦探试一把的话，下雪时记着观察一下路边的汽车，琢磨一下他们是几点以后停车的。

雨： 沙漠的甘霖，但它几乎会冲毁现场地面上存留的一切证据。所以现场调查时侦探们最痛恨雨。每当下雨时，他们恨不得搭一个比天还大的帐篷来保护现场。

荧光剂： 它是放在钞票袋中额外奉送给劫匪、绑架者的一种发光剂，罪犯打开钱袋时会发现不仅钞票上，连自己的身上都会沾上荧光闪闪的东西，洗也洗不掉。遇见这种事，罪犯的肠子都悔青了，想着下次一定注意！可问题是，还有下次吗？

右手： **一个习惯使用右手的人是无法用手枪顶住自己的左太阳穴开枪的；反之亦然。**

意外身故： 当被保人“意外身故”后，保险公司的调查人员应观察保险受益人的表现，然后再来确定被保人是否真的是“意外”身故，否则的话，狡猾的凶手很可能就会漏网。

隐身人： 他们不使用隐身衣，也没有喝下隐形药水，却不会被身边的人注意到他们的存在。你会注意到酒店里的客房服务员长什么样儿吗？不会的。这就是服务行业里“隐身人”最多的原因。即使是侦探，脑子不够灵活的话，也会忽略“隐身人”。

眼睛： 一对很不靠谱的人体器官，经常被我们赋予极大的信赖，却经常为我们提供不可靠信息。例如，在很多时候，目击者对嫌疑人的描述彼此大不相同，原因就在于此。所以，即使有目击者，侦探依旧要认真调查取证。

钥匙： 好多外国人喜欢把自家的备用钥匙放在门口花盆、擦脚垫下或者信箱里，以备不时之需。**谨慎的人也想这么做的话，会用胶带把钥匙类的东西粘在擦脚垫的背面**，这样不知情的人即使掀开擦脚垫也不一定发现得了。重要的信件也可以这样处理，侦探上门时经常会检查这些地方。

药物混用： 几种安全的药物混合在一起可能会致命。玛丽莲·梦露就是因为把日常使用的安眠药混合使用，比平时稍微过量了一些，导致36岁就香消玉殒了。侦探在调查时，如果发现死者有用药史，不要轻易下结论，而是要考虑是否有药物混用的因素，然后根据药物检测结果确定死因。

遗书： 自杀是非常自我的行为，还有人说它是非常自私的行为，即使有人决定要杀死自己，这种行为也是充满感情的，很少有人会选择打印这种机械的方式留下自己最后的信息，所以一旦发现这类打印的遗书，侦探应考虑这真的是自杀吗？

赃物： 罪犯管它们叫“战利品”。如果某些“战利品”看上去实在没有什么商业价值，或者特普通，那么它们对于罪犯一般会有很特别的意义。记住这一点，对探案会很有用的。

最好的隐藏： **隐藏一粒沙子最好的地方是在哪里？沙滩。隐藏一封信最好的地方在哪里？信箱，甚至邮局。**

左撇子： 据统计，世界上只有9%的人是左撇子。因为他们的左右脑都得到了开发，所以这仅有的9%的人被认为更聪明。但因为供左撇子使用的工具太少，左撇子发生意外的概率相当高。在罪案中，由左撇子造成的伤口特征相对鲜明，因为他们使用工具时是由左向右施力的。当然左撇子反手使力时有一定的难度。

纵火狂： 他们经常会返回纵火现场，以人们的议论关注为满足。所以保留历次火灾现场围观者的照片是火灾调查者常做的事，那些在其中反复出现的人肯定会被作为嫌疑人调查。

自制消音器： 一般说来，侦探的手枪不需要使用消音器，但他们很清楚大土豆、装满水的大可乐瓶、枕头、毛绒玩具都可以临时充当消音器。它们的消音效果不一，而且大部分会在被害者身上留下痕迹，这些痕迹可以证明作案者使用了这些“消音器”。

隐藏的知情者： 第二支牙刷、尺码与颜色互不相同的拖鞋、多出所需的化妆品——都暗示了单身汉家里被隐匿的知情者。侦探需要做的就是追问她是谁？为什么不愿意被人发现？她知道些什么？

钟声、鞭炮、电钻声： 这种巨大的声响是用来掩盖枪声、凿地、凿墙等声音的好手段，所以，当证人们说案发时听见这些声响时，侦探要考虑发出这些声响的时间是否就是案发的真正时间。

纵火： 与意外失火最大的区别在于有人故意且为并从中获利。这些人的目的无外乎以下几种：骗取保险金、掩盖罪案现场、杀人和毁尸灭迹。

关键词
——科学破案常识

铅： 重金属之一，加工成铅颗粒后，只要1/5克就会足以杀死人。人们已经知道很多重金属会对人体造成巨大危害，但却容易忽视铅的危害。铅一旦进入人体，就很难排出，累积下来会对人体造成巨大的破坏，可以置人于死地。

案例分析——铅中毒

1846年，曾有130个人到北极探险，结果一个队员也没有回来。143年之后，一个加拿大的研究生想解开探险队全军覆没之谜，结果他只找到一个坟墓，里面埋了三个探险队成员，多亏北极极度寒冷的气候，他们的遗体完好无损。这个研究生对遗体做了各种化验研究，结果发现三个人头发中铅的含量高于普通人两三百倍，这么高的铅含量，足以致人死命。这么多的铅是怎么进入人体的？进一步的调查发现让人扼腕叹息，探险队的食品主要是罐头食品，而那个时代的罐头是用铅封的。探险队队员们长时间食用这种罐头，等于每天都定时定量地摄入重金属铅，铅在体内越积越多，所以他们中毒而死是迟早的事。至于探险队的其余成员，他们想必也陆续死于铅中毒了。这真是非常可惜啊！

铊： 重金属之一，铊的化合物，可以溶解于水，无色无味，中毒后的症状类似感冒。它会破坏人的神经和细胞，还会导致癌症。铊中毒有一个非常独特的特征——会造成受害人的头发大绺脱落，但是头发大量脱落却没有疼痛的感觉。阿加莎·克里斯蒂的小说《白马酒店》里就描写了铊中毒的症状。现实中，铊造成的危害也并非罕见。

案例分析——铊中毒

1995 年 5 月、1997 年 5 月，清华大学、北京大学先后发生了两起学生铊盐中毒案件。其中最悲惨的莫过于清华大学女生朱令的遭遇。朱令曾为清华大学民乐队队员，还曾是北京市游泳二级运动员。1994 年冬和 1995 年春，朱令至少两次摄入致死剂量的铊盐，第二次中毒后昏迷多日，几近成为植物人。经治疗后她虽然得救，但因长时间误诊等原因，她的肌体受到严重损害，留下了严重的后遗症——大脑开始萎缩，智力下降到幼童水平，基本语言能力丧失，曾经的运动员现在虽然可以独自站立，但平衡控制能力差，重心稍有偏离就会摔倒，她的视力也变得很糟，只可辨别不到一米远的手指数。此案至今未破。很早以前，铊化合物一直被用作生产杀虫剂和毒鼠药，现在已被禁止。确认铊中毒后要尽快使用普鲁士蓝片剂输入人体，它可以使铊不溶于水，排出人体，救治及时可以降低铊对人体的危害。

砒霜的故事： 又被称为砷，学名三氧化二砷。提起它来，胆小的人不由得会打个冷战。潘金莲毒杀亲夫选的就是砒霜。**在法国，人们把砒霜称为“继承粉末”，因为有很多人用它毒死有钱的亲人来继承遗产**。砒霜受害一般表现为强烈的肠胃不适，呕吐，有时还会出疹子，最后受害人会产生幻觉，在昏迷中死去。有的受害人的手指甲上还会生出白色的横线，这也是砷中毒的一种标志。砒霜自古以来一直是阴谋家的常选毒物。不过，随着科学的进步，大家对砒霜的毒性了解得越来越多，使用它害人的案件也相对减少了许多，这也是科学带来的好处之一吧。

案例分析——砒霜中毒

近些年来，很多历史学家和科学家一直在怀疑光绪皇帝是被砒霜害死的。1908年（光绪三十四年），被囚禁在瀛台的光绪皇帝与慈禧太后几乎同时死亡，前后相距不到二十个小时。有人说光绪身体虚弱，百病缠身，但据当年与宫廷关系密切的人回忆，光绪本身的疾病不足以让他即刻死亡，他更像是被毒死的。据说光绪死前三天“在床上乱滚”，“大叫肚子痛得了不得”，“此系与前病绝少关系”。

2003年，科学家对光绪的头发进行分析后得出了一个惊人数字：光绪头发中砷含量是健康人的两千多倍！为了比对，科学家还对他的妻子裕隆皇后、清代的一个草料官和当代人的头发做了相同的测试，结果证实，光绪头发中最高的砷含量不仅远远高于当代人样本，也分别是隆裕皇后的261倍和清代草料官的

132倍。为验证光绪头发中异常的砷含量是否与他长期服用中药雄黄有关，科学家又将其与当代慢性砷化物中毒的人的头发进行了对比，结果显示，光绪头发上最高的含砷量是慢性中毒患者最高含量的66倍，且砷分布曲线与慢性砷化物中毒者的砷分布曲线完全不同。由此证实：光绪头发中的高含量砷属于异常现象，并非由长期服药引起。接着，科学家们在光绪的遗骨和衣物中均检测出砷，而且对随葬衣服的检测证明大量的砷化合物曾存留于死者的胃部和腹部，在尸体腐败过程中，由内到外地腐蚀衣服。

所有的实验结果都表明：光绪摄入的砷化物（砒霜）仅存于部分衣物和头发上的总量就已高达201.5毫克，而人口服砒霜60～200毫克就会中毒死亡，光绪摄入体内的砒霜总量明显大于致死量。至此，光绪帝死因终于破解，即：光绪帝系砒霜中毒死亡。至于是谁毒死了光绪，则是众说纷纭，一般认为，慈禧、袁世凯和李莲英是最有可能下此毒手的人。

琥珀酰氯化胆碱：这是一种人造箭毒，它可以使全身的肌肉麻痹但不会导致无意识，是麻醉师使用的药物。但是有的居心不良之徒，将它用于想要除掉的人身上，使对方呼吸困难却无法呼救，最后因窒息而死。由于经过一段时间后，体内的琥珀酰氯化胆碱会分解转化成其他物质，所以这些包藏祸心的人以为自己可以逃脱法网，但是，科学家目前已经掌握了这种危险药物会分解成哪些物质，所以，凶手肯定还是逃不掉的。

肝素： 这是一种经常在临床上使用的药，可以防止血液凝固。但是曾有一个包藏祸心的人，把肝素加入血小板减少的人使用的药中。结果很可怕，患者流血不止，险些丧命。

马钱子： 又被称为番木鳖，这是一种热带植物，味道极苦，土著人会将它的萃取物涂在箭头上，用来对付大型野兽和敌人。马钱子作药用时被称为“的士宁”或“马钱子碱”，可以治疗风湿、瘫痪、小儿麻痹后遗症和类风湿性关节痛等病，据说对重症肌无力也有一定的疗效。但是当人因马钱子中毒就会无法安静下来，然后开始痉挛，肌肉遭到韧带的撕扯，发生极度的收缩，最后会因为呼吸肌失去功能，窒息而死。马钱子的解毒方法是使用中枢抑制药来制止惊厥。柯南道尔在《四签名》中就数次描写了马钱子的可怕毒效。

氰化物： 最初的氰化物是在月桂树叶中发现的，萃取物后可在摄入后5分钟内置人于死地。氰化物的主要中毒症状是晕眩、痉挛和呼吸困难，由于氰化物会阻碍血液输送氧气，受害者实际上是窒息而死的。氰化物在身体内会很快分解为碳和氮，几天后就什么也找不到了，于是有些坏人企图把它当作谋杀的好手段，但是在刚死于氰化物的人身上，人们可以闻到一股淡淡的苦杏仁味儿，此外，因氰化物而死的人的皮肤会有一块块的青紫色，血液分析有的时候也可以发现氰化物留下的痕迹，所以，使用氰化物的罪犯还是逃不出法网的。另外，由于国家对氰化物的使用有严格的控制，所以这种谋杀手段是不常见的。

毒蘑菇： 使用毒蘑菇害人历史很悠久，罗马皇帝克劳迪乌斯就是被人用蘑菇毒死的。有毒的蘑菇种类很多，我们会为它们取各种可怕的名字，像鬼笔之类的，但是光知道名字不知道毒蘑菇长啥样有什么用呢？毒蘑菇中毒是件可怕的事情，而且很容易被误诊为霍乱之类的急性胃肠疾病。毒蘑菇中毒后会损害人的肠胃，然后导致人的肝脏衰竭。有的毒蘑菇还有一个奇怪的特点，中毒者在治疗一天后，有时症状会缓解下来，但是只要一复发，就必死无疑。

蓖麻毒素：这又是来自常见植物的危险品，用蓖麻的萃取物下毒，受害人几乎必死无疑。

案例分析——蓖麻毒素

1979年9月7日，星期二，逃到英国的保加利亚作家乔治·马克伍在伦敦遭遇了一场小小的意外，他的臀部被一个陌生人的雨伞尖扎了一下，陌生人道了歉，他也没在意。但第二天，马克伍开始出现发烧、呕吐的症状，而且病情急剧恶化，血压下降、心跳加速，出现了败血症。继而病人变得思维混乱、暴躁易怒，医生采取的任何救治措施都不起作用。周一早上，马克伍死了。专家在解剖马克伍的尸体时，发现他的臀部被刺伤的部位有异常，然后从其皮下取出一个金属球，这个金属球极小，结构特殊，专家认为，它是用来传送毒药的工具。问题是，这个金属球最多只能容纳2毫升的毒剂，那么是哪一种毒药，只需2毫升就可以致一个健壮的中年人死亡呢？经多方实验，专家们排除了其他毒药的可能，最后"中选"的就是蓖麻毒素。它比氰化物和砒霜还要毒500倍！蓖麻毒素进入人体血液会使受害人的器官遭到彻底毁坏。而且由于人死后蓖麻毒素也会被分解破坏，所以它不会在人体内留下任何可疑痕迹。最遗憾的是，蓖麻毒素目前没有解药，受害人能否幸存完全由命运决定。几十年过去了，马克伍的命案依旧是悬案，他的受害，仅仅让我们又了解了一种新的剧毒物质。

毛地黄： 又名洋地黄，是一种美丽的观赏植物，它有一个有趣的别名“狐狸手套”。毛地黄不仅名字有趣，萃取物在早期还被用作泻药，后来发现它的萃取物还可以治疗心脏病。但是，就像很多药用植物一样，毛地黄全身都有剧毒！据说吃起来还甜得要命！波特小姐在描画《彼得兔》里的毛地黄的时候，可没有说这些。

尼古丁： 这又是一种被伪装成常见商品的毒药，尼古丁存在于烟草当中是众所周知的，但是它的毒性和氰化物一样大就不为人知啦！以前，很多植物杀虫剂里就含有大量的尼古丁，包装上写着“对植物无害”。可是，现在的香烟盒上已经写了“有害健康”，仍旧还有那么多的烟民买烟抽，看来，我们真的应该在烟盒上写“尼古丁＝氰化物”才对。

血液： 在许多凶杀案中，血液是最可靠，最有价值的证据。人体是非常脆弱的，一旦受伤，血液就会渗出或者喷出，你可知道，人体内会有4000毫升左右的血液，但有的人，流出400毫升的鲜血就会晕倒。早在1875年，人们就已经知道，人类有不同的血型，但直到1901年，澳大利亚生物学家兰茨泰纳才发现了我们现在熟知的A、B、O血型，第二年，他的助手发现了AB血型的存在。现在，虽然有DNA检测存在，但是通过检测血液来鉴别不同的人，还是最简单、最便宜且快捷的方法。

血滴： 血滴的形状永远可以指引方向。例如：挥舞的刀子会把血滴飞溅到墙上，这些血滴呈椭圆形，越到后面，形状拉得越长，到尽头处可能会呈弧形，这些血滴的小尾巴指明了刀子的走向；而完全呈圆形的血滴代表静止不动，而且是从不高的地方落下的。

鲁米诺： 这是一种化学试剂，它是科学侦探的必备武器，即使现场完全看不出有血迹存在，或者无法分辨是不是留有血迹，但是只要将鲁米诺喷上去，然后关上灯，这些被擦洗过，几乎看不出的，或者变成黑色污渍的血迹就会发出荧光来。

DNA： 1986 年，是世界科学侦探史的一个里程碑，这一年，释放了史上第一个因为 DNA 检测，也就是基因检测而重获清白的嫌疑人，也抓获了史上第一个因基因检测而被捕的真正罪犯。1986 年，开启了基因搜捕的时代。

案例分析——DNA

1983 年英国一个小镇发生了一起命案，一个少女被发现死在一条人迹罕至的小路上，死前遭受了野蛮的袭击。这起命案引起了极大的恐慌，一时间，有未成年女孩儿的家庭惶惶不可终日，虽然警方掌握了袭击者的血型，而且几乎可以肯定这起案子的作案者就隐藏在附近，但是他们却找不到足以让他们抓到凶手的线索。三年后，类似的案件再次发生了，在附近的一个小镇，一个同样年龄的女孩儿没有按时回家，家人报了警，两天后，她被发现死在一条同样人迹罕至的小路上，死前也遭到了野蛮的袭击。但与上一起案子不同的是，这回有目击者声称他们在小路附近看见了一个年轻人。他被指认了出来，这个年轻人工作的地点和两个女孩儿死去的地点都很近，他平时的名声也不好，总喜欢躲起来吓路过的女孩儿。而且，他的血型也和现场留下的血型一致。最令警方认定的是他知道一些只有警方才知道的细节。警方逮捕了他，在讯问了十几个小时后，他承认自己杀害了第二个女孩儿，但是拒绝承认杀死了第一个。警方认为第一起案子也是他做的，但是苦无证据。就在这时，他们听说附近的大学里采用了一种新型技术，可以根据现场残留的血迹、体液、细胞确认人的身份。

于是警方带着三份样本找上门去。大学教授以前用DNA检测的技术鉴别过移民身份，用这种技术来破命案还是第一次。但是他们决心帮助警方。

检测的结果出来了，两个女孩身上残留的样本经过DNA检测证明是同一个人留下的，但嫌疑人的样本和这两份样本不一致。满心欢喜的警方遭到当头棒喝——嫌疑人没有杀这两个女孩儿。他们不能相信这样的结果，于是找到另外一所大学做了同样的实验，结果是一样的。

沮丧了一阵子后，警方作出了一个开启探案新时代的决定：基因大搜捕——他们征集附近所有成年男子的血液样本进行基因检测。这是科学探案史上的第一次。

可惜的是，辛辛苦苦地检查了几千份样本，却没有一份能和警方手中的样本吻合。看来，案子似乎走进了死胡同，那两个如花的女孩儿也许永远得不到公道了。

虽然迟来了一些，但公道毕竟还是来临了。就在案件几乎走进死胡同的时候，有人告发了一个年轻男人。就在警方进行基因大搜捕的时候，这个男人找到自己的朋友，请他代替自己去做检测。他的朋友不住在这一带，所以没有被要求做检测。因为去做检测的人都被要求携带身份证，他还为朋友伪造了身份证，用朋友的照片代替了自己的照片，警方没有发现身份证被做了手脚。

得知这一信息后，警方找上门去，这回，没费什么事，那个人就承认是自己杀死了两个女孩儿。之后的基因检测也证明了这一点。

之前的嫌疑人早就获释了，他之所以承认是自己杀死了女孩儿，是因为难以承受巨大的压力。至于他为什么会知道只有警方才知道的细节，那是因为他曾经到过现场，看到了女孩儿的尸体。

汗水与运动衣： 特别情况下，如果只能从衣服中寻找 DNA 的话，侦探老手会选择运动衣来检查。这个世界上有不少人以为勤洗澡可以代替勤洗衣服，就像很早以前的法国人认为多喷香水可以代替勤洗澡一样！这种习惯对侦探老手来说正合适，他们一向认为没有哪种衣服比运动服更容易保留人体的汗渍用来提取 DNA 啦！

膛线： 所有枪管中都有螺旋形的凹凸槽，这种凹凸槽就是膛线，它会在射出的子弹上造成独特的刮痕，每一支枪都有属于自己的膛线凹凸痕，所以根据子弹上的膛线痕迹，可以用于比对子弹是从哪一支枪射出的。

枪击的取证： 当罪犯开枪的时候会留下四种证据，找到它们，会让侦探找到开枪的人和所使用的枪支。第一种是弹头，可用于观察弹头上的膛线痕迹；第二种是弹壳，它会从枪里被抛出来，枪支上面的抛壳装置会在上面留下痕迹；第三种是没有完全燃烧净，从枪管、枪体裂口和弹壳中喷出的火药粉，它会在开枪者的手上、衣袖和衣襟上留下火药残留，根据它们，侦探可以判断嫌疑人是否开过枪；最后是开枪发出的声音，不同的武器开枪时会发出不同的声音，可用于辨别武器的种类。在枪击现场，侦探们是绝不会放过这四种证据的。

证明身份： 当发生意外事故需要辨认遗体时，可用于证明受害者身份的途径有很多，最可靠的当然是指纹、牙医记录和外貌描述，当然还可以根据护照、驾照、信用卡来分辨遗体，此外，首饰等私人物品、衣着、年龄估计和文身也可用于辨认遗体。另外，当遗体身份的确认处于猜测阶段时，请家属辨认和比对医疗记录是很好的方法。

嫌疑人外貌： 以前，警察会采用拼图的方式请目击者组合出嫌疑人的外貌，目击者可以从眉毛到下巴组合出自己目击到的人的形象；当然使用电脑软件拼图人脸效果更好些，因为操作者还可以根据标准相貌做一些修正。但是，还有一些专家认为，目前没有任何一种方法比得上手工绘制嫌疑人模拟画像，因为面对画家，证人比较放松，说出来的信息也更多。1995 年，美国俄克拉荷马城政府大楼爆炸案的作案者就是根据手工绘制的犯罪嫌疑人的模拟画像抓获的。

脸部识别系统： 1882 年，法国人贝迪龙提出“人体测量学”的观点，警察通过测量罪犯的头颅和身体各个关键部位的数据，来辨认不同的罪犯。后来，人们渐渐发现，监视视频的影像总是扭曲模糊，依靠它们辨识真实的脸孔实在是件技术活儿，于是出现了照片人体测量学，警察们会测量照片或视频捕捉到的嫌疑人脸部各部位之间的距离，然后与犯罪嫌疑人的清晰照片做比对，现在 FBI 等部门的脸部识别系统就是建立在照片人体测量系统之上的。

指纹： 早在 19 世纪 60 年代的孟加拉，当地的行政首脑就要求军队的退休人员留下指纹领取养老金。1891 年，阿根廷的警官胡安·佛塞蒂奇开发出世界上第一个犯罪指纹识别系统。第二年，指纹检测就帮助阿根廷警方侦破了一起残忍的谋杀案，这是世界上第一起因指纹检测而告破的案件。

案例分析——指纹

1892年，阿根廷有两名儿童遇害，孩子的母亲指控当地一名农场工人，但是警察经过仔细调查，发现这名嫌疑人虽然智力有缺陷，但却有着无懈可击的不在场证明。最后，是指纹识别系统成功地发现了真正的罪犯——警方经过仔细地搜索，发现在凶器附近的门框上有一枚染血的指纹，经检查发现，指纹上的血来自一名受害儿童，而指纹竟然是他们的母亲的。虽然这个发现让人难以置信，但是经过比对，指纹无可辩驳地证明——儿童的母亲就是凶手！她为了重新开始生活，就产生了摆脱孩子的想法，并付之于行动，最后，通过指纹的检测，这位冷血的母亲成为世界上第一个经由指纹比对确认罪行的罪犯。

牙科辨认： 公元59年，罗马暴君尼禄的母亲被一个奴隶谋杀，并被抛弃在其他遇害者身边，她的遗体就是通过牙齿辨认出来的。1776年，一位美国英雄的遗体在他死后十个月，被他的牙医辨认出来，因为一年前这位牙医为他做了齿桥。为什么牙齿可以成为身份确认的极好证据呢？那是因为牙齿极为坚固，有极强的复原能力，一场大火后，金属和玻璃都会熔化，但是牙齿不会！

案例分析——牙科辨认

1897 年 5 月 4 日的巴黎，一场慈善拍卖因为大火变成了人间地狱，126 名社会名流和富翁葬身火海！大火之后，3/4 的人通过衣物和私人物品被辨认出来，其余的人虽然知道他们都有谁，但是却无法将他们一一区分。最后，一个外交官提议用牙医记录来对死者进行辨认，事实证明这个方法很有效。从此以后，牙医就正式开始为辨认人身服务了。

助燃剂： 即使是一个谨慎的人，可能也意识不到家里会有那么多的危险品——助燃剂。可是，有些东西，例如食用油、头发定型用的喷雾剂、杀虫剂、那些泡着好看的植物种子的小瓶子、营造浪漫气氛的油灯与烛台……当遇见短路的电线时，意想不到的东西可能会变身为洪水猛兽。所以，生活，就是要谨慎，谨慎再谨慎。

火灾起火点： 火灾有时是天灾，有时是人为的意外，有时则是居心叵测的纵火。无论是哪一种情况，调查人员首先要找的是起火点。在外行看来，在一堆烧成焦炭的东西里寻找起火点是不可能办到的事，但是老练的调查者知道，火会向上燃烧，所以，他们会从最低的一层寻找起火点。找到后，他们会在起火点附近仔细搜寻残留物以确定是否使用了引火物与助燃剂，如果有的话，基本可以确认纵火的可能了。很多纵火者都没有意识到，引火物与助燃剂等设备经常会在大火后留下痕迹。如果他们懂得这个的话，纵火案可能就会少很多啦！

火灾中的尸体： 有的时候，火场上会留有尸体，如果大火没有将遗体烧毁的话，法医会检查遗体的呼吸器官，如果呼吸器官里留有烟灰之类的东西，证明死者在大火燃烧时还活着。如果没有，则有可能是被谋杀后焚尸灭迹。

案例分析——纵火与诈骗

曾有过这样一个案例，一个服装仓库发生了一场火灾，等消防人员把火完全扑灭以后，火灾调查人员发现一个奇怪的现象——仓库里的东西似乎被火烧得干干净净，什么都没有留下。老练的调查人员知道，再大的火灾也不可能把仓库里的服装烧得一干二净，现场总会留下一些服装残片的。因此，这应该是一场纵火骗保案。调查人员后来发现，租用仓库的商人面临破产，为了骗取火灾赔偿金，他纵火焚烧了仓库，但在纵火之前，他偷偷运走了仓库里所有的服装。过份的贪婪暴露了他的诈骗行为。

氧气的作用： 点燃一根火柴，再用玻璃杯把它扣起来，火柴会熄灭，这是常识。紧闭的室内起火，如果房门始终紧闭，火不会烧得更猛烈。但是，如果这时有人突然闯入试图救火，就会引来大灾难——房门打开时，氧气涌入，本来不猛烈的火一下子得到了“养料”就会突然发飙，变成熊熊烈焰，此时站在门口的人如果躲闪不及，肯定会被大股火球扑倒吞噬，救火反而变成了一场大灾难。

轮胎痕迹： 每年死于车祸的人远远多于死于飞机失事的人。有的人以为，车祸致死可以掩盖谋杀企图，其实，不是这样的——路面上，轮胎的各种痕迹都可以揭露车祸时驾驶者的真实意图。例如，刹车痕迹的长度和范围可以很好地表明车速；高速转弯时车辆产生的侧滑也会在公路上留下特殊的痕迹；而驾驶人在被害人面前猛然提速，轮胎加速时也会在路面上留下清晰的痕迹。所以，路面上的轮胎痕迹，可以揭示驾驶者的恶意或无意。

驾驶者的辨认： 车祸发生后，当侦探们一时无法确认谁是驾驶者的时候，仔细检查汽车的前排座位就会有所发现的。

案例分析——辨认驾驶者

高速公路上曾发生过一起严重车祸，一死一伤，但因两人都被抛出车子，所以调查人员只好通过别的方式判断车祸发生时谁是驾驶者。他们发现驾驶座位被大幅度向后调整了，这说明驾驶者的身材相当高；接着检查方向盘，它上面应该会留下驾驶者的汗水以供检查；在打开的安全气囊上，他们提取到口水、鼻涕、口红、血迹和皮肤上的油脂，这些东西足以让调查人员找出车祸发生时死伤者的各自位置。最后，他们检查了受伤者和死者的身体，因为撞击时，安全带经常会在人体上留下清晰可辨的瘀痕，左上右下的是驾驶者，相反的是坐在副驾驶位置上的人（在英国、日本等靠路左侧驾驶的汽车留下的痕迹相反）。靠这些方式，调查人员成功地辨认出驾驶者。

反抗迹象： 有的时候，死于刀伤的受害人的手掌和胳膊上会留下深深的刀痕，这说明受害人与行凶者进行过搏斗，这种痕迹因此被称为反抗迹象。没有反抗迹象通常意味着死者没有意识到自己会遭到攻击，也有可能是在被麻醉的情况下遭到攻击的。反抗迹象的存在是件好事，因为受害人进行过搏斗，所以身上应该会留有凶手的表皮细胞等信息。同样，凶手也可能会因搏斗而受伤，即使没有受伤，身上也应该留有受害人的相关信息。可以说，反抗迹象是一种受害人的最后留言。

蛛丝马迹： 1920 年，法国著名刑侦科学家罗卡德提出**“每一次接触都会留下痕迹”**，他的意思是，不管罪犯多么细心，都不可能在离开现场时将犯罪现场保持原样，他们总会留下一些痕迹“引导”警探追踪；同理，罪犯不可避免地会从犯罪现场带走一些物证，将他们与罪案联系在一起。这些物证可能非常微小，少到一滴血的几千万分之一，小如鞋底的一些土壤碎末，或是屋里一朵鲜花的花粉，甚至是一根无意中粘在罪犯裤脚上的猫毛……刑侦科学家们的火眼金睛绝不会放过搜集它们，即使它们再微小，科学家们也有仪器将它们与嫌疑人联系起来！**罗卡德的接触理论至今仍指导着每一个警探的调查。**

案例分析——蛛丝马迹

早在 1912 年，罗卡德在提出接触理论之前就已经意识到“每一次接触都会留下痕迹”了。当时他正在调查一个服务生涉嫌掐死女友的案件。虽然服务生当时有看上去确凿无疑的不在现场证据，但是罗卡德灵机一动，检查了他的指甲，发现里面有一些极小的皮肤组织，而且里面还夹杂着粉红色的粉末。罗卡德检查了这些组织与粉末，结果发现它们与死者的脖颈皮肤组织和涂抹在上面的香粉一致。在这样的证据之下，服务生招认确实是自己杀害了女友。

SP

虫子的作用： 每个人看见虫子的反应因人而异，绝大多数人面对尸体上的虫子时，都会掩面离开或者惊呼尖叫，但是科学家的反应是欣喜，然后用镊子小心地把它们分别装进一个个小瓶子里，做上标签，他们绝对不会忘记标上日期和地点。虫子有那么重要吗？对刑侦科学家而言，它们太重要了，**因为不同种类、处于不同发育期的虫子可以揭示死者的死亡时间和死亡地点，而且偏差极小！有的时候，它们揭示的死亡时间比法医检测出的时间更接近案发的实际时间呢！**

微表情： 人都会撒谎，而且会想办法掩饰自己在撒谎，有的人还是这方面的专家。但是当他们遇到下面这些真正的专家时，各种谎言就昭然若揭了。在专门研究各种表情的心理学家看来，人类的微小表情和动作可以揭示他们的真实心理。**这些微小表情和动作的持续时间也许不到一秒钟，但是，它们比语言更真实。**学习注意这些微小表情和动作，有助于我们理解对方的真实意图，预测他的下一步行为，极其有用。

微表情种种： 例如一个女人惊呼："哦，吓死我了！"吃惊的表情持续了两三秒钟甚至更长，专家就会说哦，她在撒谎。因为真正的吃惊表情只会在脸上停留一秒钟！有个男人在回答你的问题时搔了搔鼻子，这个动作非常普通，持续时间也很短，但是这是典型的尴尬表现，出现这个动作是在告诉你："哦，注意，我要撒谎了！"

轻蔑

只有脸一侧的嘴角紧闭、上扬

犯罪心理分析： 在对很多案件，尤其是连续犯罪案件的调查中，警探对罪犯的心理进行分析调查是很有价值的。长期以来，一直有人在这方面付出极大的努力，而且卓有成效。但是，仅仅通过研究犯罪行为，寻求犯罪动机，只能从侧面帮助警探寻找罪犯，完全依赖心理分析来破案还是不太现实的。

案例分析——犯罪心理分析

1940年、1941年、1950年、1951年、1952年、1955年、1956年，一个疯狂的投弹手在纽约引起了巨大的恐慌，他引爆了数颗炸弹，向公众发出了许多恐吓信，威胁要“使用54颗炸弹，打4次恐吓电话，用这些炸弹一直炸下去，直到爱迪生公司受到审判”，落款是“E·P”。最后，警方求助于心理学家布鲁塞尔博士，这位博士在研究罪犯的行为和恐吓信之后，得出了令人震惊的结论：犯罪嫌疑人是一个患有偏执型精神病的中年男子，性格内向孤独，年龄在40～50岁之间。他体格健壮，可能是单身汉，对妇女不感兴趣，但有可能与一个老妇人生活在一起。他爱整洁，脸刮得很干净，受过良好的教育，是个熟练的技术工人。他是南斯拉夫人，信教，自命不凡，受到批评会脾气暴躁……布鲁塞尔博士的结论中最不可思议的是下面这部分：嫌疑人目前可能已经患上某种很糟糕的疾病，抓到他的时候，他有可能会穿双层带纽扣的外套。最后，警方根据博士的描述终于找到了犯罪者，等到抓捕他的时候，这位E·P竟然和博士描述的几乎一模一样！心理分析在此案中取得了惊人的成功！

骨头会说话： 骨头所能透露的犯人信息远远超过人的想象，在受过训练的专家眼里，不论是火烧、碱水煮还是别的方法，只要骨骼的碎片还在，案情就会由此明朗。例如：腿骨是人体内最长的骨头，通过它，可以计算出身高；髋骨即使不完整，也可以用来确定性别；变形的脊椎骨表明骨质疏松，老年人经常会有这种情况……骨头可以描述病史，解释死亡方式，怪不得美国有两位女作家专门写这类以骨头为主角的侦探小说呢！其中一个作家本身就是法医，真是得心应手啊！

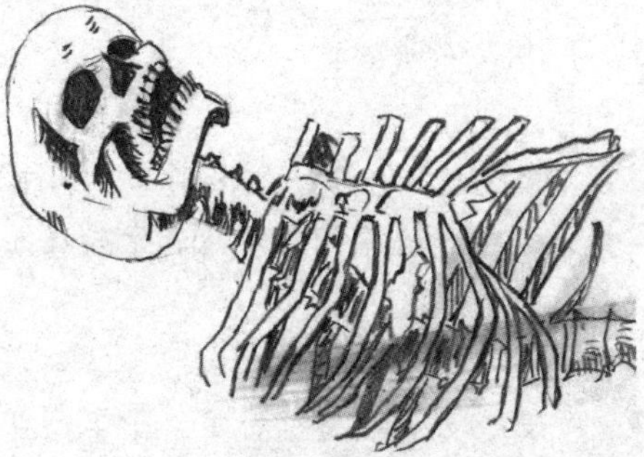

超级胶水： 有的时候，法证人员怎么也无法从物体上提取指纹，这时候，超级胶水就可以派上用场了。在密闭的环境里加热超级胶水，它就会呈雾状分布在物体上，接着寻常检测手段无法检测出的指纹就清晰地浮现出来。这种检测手段唯一的缺陷就是非常昂贵。

毒物检测： 由科学家主持，负责与下毒者竞赛。从公开的资料看，目前科学家领先，因为还没有哪一种置人于死地的毒物无法被检测出。

自卫防备姿势： 谈话时，双臂交叉于胸前是最为典型的自卫防备姿势，为的是与交谈者保持安全距离。与人交谈时，如果发现对方是这样的姿势，就要留心想想自己在什么地方对他构成威胁了。顺便说一句，在和自己上司交谈时最好不要摆出这样的姿势。

肝脏： 肝脏富含血液，是人体最脆弱的器官之一。肝脏一旦破损，比受损的心脏更难修补，而且受伤者在修补好之前就可能会因失血而死（如果腹部伤口流出的血液呈黑色，即使飞速送往医院，伤员依旧有可能难逃一死）。

火药残留： 检查衣服的前襟和袖口是否有残留的火药可以证明一个人是否在最近开过枪。

花： 最美丽的花常常是有毒的，甚至是剧毒的，但玫瑰除外。古老的印度瑜伽大师认为，玫瑰是唯一可以让人放心食用而不会中毒的安全花朵，怪不得它们那么贵啊！

核磁共振： 核磁共振技术可以使扫描代替解剖，效果甚至比解剖还好。不过要这么做，要先说服院方与死者亲属双方同意才可行。

近距离枪击： 会在伤口周围的皮肤和衣服上留下明显的黑色的火药痕迹。枪击距离越近，火药痕迹越密集，颜色越深。

科学家： 虽然不为人知，但他们其实早就是破案依据的重要来源。进入新世纪后，他们中的很多人干脆当起了破案的主角。

轮胎： 这是一种可以有效指证嫌疑人曾出现在现场的东西。千万不要以为自己的轮胎和别人的轮胎没什么两样，在侦探眼里，厂商、品种、出厂时间、磨损程度、嵌入物、刹车痕迹都和指纹一样独一无二！所以要想作案，还是开一辆没有轮胎的车吧，只要做得到。

力度与怒气： 即使是一个没有受过训练的女性，在充满怒气的时候，使用武器时也会充满力度，在伤口周围（尤其是刀伤）留下瘀伤痕迹。

猫毛： 它是一种间接证据，比狗的毛要纤细许多，也是不少敏感人士的过敏源，每次打扫卫生时，它都让家庭主妇非常头疼。不过主妇们可能不知道，正是因为它如此“黏人”，所以只要犯罪现场有猫，警探们就可以在罪犯的某一件衣服上找到猫的毛，科学家可以通过分辨猫毛证明嫌疑人到过现场。

案例分析——蛛丝马迹

加拿大曾有一个罪犯，他在现场被受害人家里的猫蹭过，裤脚沾上了毛。当警察询问他时，他一口否认自己曾到过受害人家，但是警察收集到他裤脚上的毛。专家比对后发现这些零散的毛正是受害人家白猫的毛，从而粉碎了他的谎言，最后逮捕了他。

凝血点： 也叫出血点。因窒息而死的人的眼白和口腔上颚部分会有明显的出血点。不过要注意，患有晚期出血热的病人也会有这种特征。

年轮： 它记载了时间的流逝和气候的变迁，观察年轮的宽窄，可以得知水旱天气和焚烧污染等各种人为灾害。

溺水： 通常情况下，溺死水中的死者的气管、肺脏和胃里都有吸入的液体。如果没有，死者可能在入水前就已经死了。即使有液体，科学家也要检查液体的属性，以判断真实的死亡地点，因为有的恶徒会把溺死于浴缸里的人移至泳池或者江河湖海里，混淆视听。在美国，每年被洗澡水淹死的人大大多于游泳淹死的人。

枪击： 入口处的伤口明显小于出口处的伤口，而且伤口的边缘要整齐得多。

人工植入物： 器官填充物、各种人造关节、义肢等都属于人体内的人工植入物，它们是用以确认死者身份的有效凭证。大多数人工植入物都有序列号，你可以依据序列号追查出遇难者的身份。

人体自燃： 不管现场多么像自燃，科学家都可以找出根据来予以否决。记住，在刑侦科学家的眼中，人体自燃是不可能的，可能的只有意外和谋杀。

刹车痕： 有经验的眼睛可以通过刹车痕看出出事前的车速是每小时多少公里，所以别以为没有摄像头就没人知道你超速。

手机： 很多人以为固定电话很容易被追踪，但实际上手机更不安全，手机即使是关机也比固定电话更容易被追踪。警探们就经常利用嫌疑人的手机来寻找线索。

实验： 这是现代刑侦的必备手段，可以从非常多的物体上检测出所需的证据。早期的侦探所能做的实验有限，仅仅能依靠试管和显微镜鉴别凶器上血液的残留，判断凶器的种类。而现代实验连几小时前逗留过的人使用什么牌子的香水都能检测出来！神啦！

死者的语言： **和活人不同的是，死人不会撒谎**，它是无声的，警探的责任就是从死者的身体上找出他们留给我们的最后信息，这时候，法医和法证鉴识人员可以帮上大忙。

尸僵： 人死后尸体会变得僵硬，但尸僵经过 24 ~ 48 小时以后开始缓解，尸体还是会恢复成原来的样子，根据尸僵的程度可以判断大致的死亡时间。

舌骨： 死于扼杀的人的舌骨一般会断裂，法医经常会检测舌骨来判断死因。但这种方法不太适用于判断老人的死因，因为年老，尸骸的舌骨也经常是断裂的。所以，舌骨只是判断是否死于扼杀的方式之一。

死亡时间： 别去管那些可能是特意打碎的钟表，直接往尸体的肝脏或者直肠插一根体温计获得中心体温，然后计算一下：人死后，体温每个小时会下降0.8摄氏度，当然，天气状况和保存状况也要考虑在内。有的凶手在抛尸前会把尸体冷冻以欺骗法医，但这类尸体会从外往里腐败，这与平常情况是相反的，而且被冰冻过的人体组织也有一些特别之处。总之，根据中心体温来判断死亡时间还是比较准确的。

伤口角度： 把一根充满韧性的竿子插入伤口，观察竿子，可以大致推测出凶器袭击者的身高和出击的角度。

心理医生： 他们知道的秘密比天主教神父还多，职业责任要求他们保守秘密，结果导致他们经常面临大问题，例如：不堪重负而产生心理问题，要知道，在美国，心理医生的自杀率非常高；或者因为知情而成为罪犯的目标；或者因为无法控制负面心理，转而成为伤人者。这几条都是心理医生的致命问题。

眼珠： 人们总是说"眼珠一转，计上心头"，其实这句话还有后续——眼珠朝右看，是在回忆；眼珠朝左看，恐怕就是在酝酿谎言啦！

硬盘： 理论上，记入硬盘里的信息是不会消失的，即使格式化也不行，因为记入的内容会在硬盘上留下几乎永久的磁痕。但是，**电脑高手会用覆盖六七次的方式让人难以读取硬盘。** 不过，难归难，科学家还是可以想出办法最大限度地还原硬盘里的信息。

咬伤： 但凡咬伤都会在受害者皮肤上留下独特的齿痕供鉴证人员辨认，其准确率堪比牙医的记录。此外，除了刚刚刷过的牙齿，包括人类在内的动物牙齿上都隐藏着无数有害细菌，它们与下水道里的细菌属于同一种类。通过咬啮，这些细菌会转移到受害人身上，造成可怕的感染，严重时会导致受害者痛苦死亡。侦探遇见这类案件，可以采集伤口处的细菌留待日后与嫌疑人进行比对。看，要注意刷牙不是没有原因的！

用药过量： 过量用药会使人的精神和肝肾严重受损，甚至死亡。“是药三分毒”，没有什么药是可以大剂量安全使用的，很多人在庆幸自己有特效药时，很可能就已经受到伤害了。

指纹库： 每个人的指纹都各不相同，十根手指的指纹也各不相同，这点在19世纪就被人用于识别身份。很多国家都建立了指纹库，记录了有前科和从事特殊职业人员的指纹，一些国家之间也可以共享对方的指纹资源，电脑还可以自动识别指纹。必须说，科技确实使罪犯越来越难以遁形。

警犬： 警犬中寻味能力最强的是寻血猎犬，也叫休伯特猎犬，这种棕色的猎犬嗅觉超灵敏，**可以嗅到两周前留下的气味，最能证明其能力的是它搜索到的证据可作呈堂供证。**这种狗块头很大，长着一张又长又忧愁的皱纹脸，其实它非常活泼，非常友善，非常乐于帮助好人追踪罪犯留下的蛛丝马迹。有时，警方也使用别的品种的警犬追寻罪犯的踪迹，如德国牧羊犬、比格猎犬等。

第二部分
福尔摩斯从哪里来

福尔摩斯从哪里来？英国？也对也不对，最佳答案是他从《福尔摩斯探案集》而来，他是被创作出来的。这对侦探爱好者来说是件好事，因为，成为一个业余侦探不容易，成为一个像福尔摩斯那样的大私家侦探更不容易！既然成为侦探那么难，那么我们不如**做一个侦探小说家，成为一个写侦探故事的高手。**

成为一个侦探小说家需要动脑子，这不是件容易的事，你需要做好充分的准备。我只要拿起笔，灵感什么的就会源源不断地涌出来，我就能源源不断地挤出作品来这种话，侦探小说家不可能这么说，更不可能这么做。

侦探小说非常讲究逻辑，侦探小说的读者个个都是研究逻辑的挑错专家，侦探小说迷很喜欢在小说中挑出硬伤，这样他们就能夸耀说自己比侦探小说家更高明了。

所以咱们还是向大侦探福尔摩斯以及塑造大侦探梅格雷警长的比利时作家西默农学习吧！他们一个当了一辈子的私家侦探，一个写了一辈子的侦探小说，前一个是虚构的，后一个是真实存在的。相同的是，他们都有满满几架子的罪案资料，需要的时候就去查。

积累的资料就是他们灵感的源泉。

在前面，我们为你准备了一部分资料，已经充实了内存。下面我们将继续慷慨提供写作建议：如何写出好的，优秀的，最最棒的，超级闪亮的，可以让人永远铭记在心的侦探小说。

一、写作建议

1. 我们应明确侦探小说的基本种类：政府调查、解谜推理（包括密室小说）、警探追捕（含私家侦探）、科学探案等。有关它们的内容，请参看前面的侦探与侦探套路。了解这些分类，可以使自己的小说有大致的方向。

2. 确立自己的阅读对象：建议把自己的作品想象成一部电影，在拍摄之前就要确定自己的电影是给谁看的。20 世纪中期，著名的盖洛普民意测验在调查后曾得出一个出人意料的结论——绝大多数时候，人们到电影院不是去看异性偶像，而是去看与自己类似却又超越自己的人物。例如电影《卡萨布兰卡》，它吸引了一代又一代的男性影迷，靠的不是女影星英格丽·褒曼，而是里面那个虽然被抛弃却总是充满勇气和义气的男影星鲍嘉。

所以，事先确立自己的阅读对象，可以让你更方便确定主人公的造型和故事的发展。

3. 塑造人物类型：一旦确立以后，就不要改动了。要记住，从心理学的角度来说，一个人如果在造型上没有什么特别的地方，那么这个人物是不容易被记住的；从文学的角度来说，没有特别的人物塑造是失败的。反之，纵观福尔摩斯、波罗、硬汉子马洛，还有柯南小同学，等等，基本上，凡是你能说得出来的，系列侦探小说里主要人物的造型都是成功的。没错，我们就要学习。

4. 角色设计：观看那些优秀的，也就是流传下来的系列侦探小说，它们当中总是有以下几个人物：大侦探本人（男女老少皆可）、助手（正式与业余皆可）、添乱的人物（民间与官方皆可）、元凶（一般来说就是凶手本人，但也可能是幕后指使者）、最大嫌疑人（他不是元凶，可能只是同谋共犯，但也许根本就是无辜者，当你弄清楚这一点时，他会向你指出最重要线索，最终把你导向元凶）。以上这些人物，建议你在开始写自己的小说前就要好好设计，一旦动笔后就尽量不要改了，因为对没有经验的人来说，改动几乎都会影响逻辑。

二、常见角色

元凶：不能让元凶只在故事揭底时出现，这对读者的大脑来说是不公平的。建议让他在故事的最后五分之一处或六分之一处露出比较大的马脚，精彩的破案电视剧都是这样安排的，效果非常好。

受害人：受害人可以是任何人，他们可以是有罪的人，也可以是完全无辜的弱小者。但是不能因为这些就随便处理，因为受害人实际是整本书的导火索，有什么样的受害人，才会有什么样的破案方式。

女性： 这个世界是相对的，有男性就会有女性，所以，女性必然存在于每一本系列侦探小说中，唯一与现实不太一样的是，她们大都富有魅力。侦探小说中的女性主要有以下几种情况：有时她们就是侦探本人，有时她们会帮助侦探，有时只是为小说增加一些复杂因素，当然她们有时正是凶手本人。除此以外的女性角色都是不太必要的存在，可以略去。

配角： 可以将他们的个性塑造得特别鲜明，夸张一些也无妨。建议你把某几个特别的人物，尤其是那些会持续出现在下一本书中的人物塑造得搞笑些，或者赋予他们一些奇奇怪怪的性格，而且让他们的这些特点在关键时刻出些力！不要以为这么做会很庸俗（其实确实有些庸俗），但是突出的性格特点可以让人牢记！要知道，**读系列作品时，大家都喜欢看到熟悉的面孔，有时甚至会去寻找熟悉的面孔。**不要让大家失望啊！

奇怪的特点： 福尔摩斯觉得无聊的时候，会用自己的手枪往墙上射击，波罗会对自己的衣着斤斤计较，马普尔小姐会不由自主地偷听别人的谈话……这些人已经变成了经典，所以他们的习惯近乎怪癖也没有关系了。但是我们自己写的时候，如果打算为自己的人物点缀上一些奇怪的特点时，一定要选择很有趣或者迷人的特点，千万不要弄得很恶心。

迷人的特点：前几年出版的一部法国系列侦探小说就塑造了一个女警察，她很胖，有些人会认为这种特点不够可爱，但是作者还赋予她另一个特点——这位胖乎乎的女警察，跑得像猎犬一样快，追罪犯的时候，她那个瘦小的男拍档根本不用费心去追，理由是“有她在追呢”，而且追到罪犯后，她解除对方武装的方式也很特别——干干脆脆地一屁股坐在罪犯的腰臀处，压得对方连气都喘不来！这种特点就叫特别又可爱。至于特别的迷人，我们还可以以《海军罪案调查处》里的一个人物为例，在这部热播的美国系列破案剧中，有一个法证科学家阿比，这个女孩子一出场就惊爆全场，黑黑的吸血鬼装扮，嘴唇和指甲都涂成黑色，浑身都是刺青和链条，脖子上戴着带尖刺的项圈！但是没过一会儿，阿比就用她的热情、友爱、纯真征服了绝大多数女性观众，相信很多男观众也很迷她。

作品长度： 字数没必要太多，太长的作品枝节会比较多，有的读者会嫌啰嗦；也不要太短，太短的作品可能会有线索交代不清楚，会挑战读者的理解力，让人恼火。侦探小说最重要的是把故事完完整整地讲完，任何一个读者都不能忍受侦探小说的结尾竟是悬案！你可以留下一点隐蔽的线索让小说还有续集，但是决不能让凶案没有结果，否则读者会疯掉的，你作为侦探小说家的前途也就完蛋啦！

节奏： 侦探小说的节奏一定要快，千万不要拖泥带水；但是也不能只顾跑马似的一股劲儿地往前冲，要留给读者反应的时间，给他们的大脑留些时间对线索稍加分析。小说就是这点好，看完结尾后，有兴趣、不满足的读者可以返回去重看。

详略处理： 任何作品都要考虑详略安排的事情。哪个情节可以提供更多更好的线索就详写哪个，哪个情节能提供最有魅力的人物就详写哪个。

作料： 在侦探小说里加入一些长期流行的因素充当作料，是一种使自己的小说更诱人的好方法。鼎鼎大名的《007》系列小说和电影就是最好的例子。英国人伊恩·佛莱明在编写《007》系列小说时，在里面加入了相当多的时尚描写，还有很多精美的饮食描写。这是非常聪明的构思，到后来华服、美食、靓车成了《007》系列电影的招牌。

揭底：只能出现在小说结尾，前面的一切都是线索，是为它服务的。揭底后，最后可以再写上几百字，用来交代各个人物的结局，字数不能太多，因为此时，读者的大脑已经得到绝大部分满足，剩下的只是对故事的完整性的要求了。

笑料：即使是最严肃的小说，里面也需要些笑料。在侦探小说里，笑料等于人情，它可以冲淡凶案带来的刺激，使读者从严酷的氛围中得到缓解。

惊险：现代人的神经已经被来自各界的刺激锻炼得非常像钢铁了，所以，侦探小说里的惊险不仅不会惊吓到大家，反而会让大家提起精神，不至于走神。

刺激：迷案、幽默、惊险、凶杀等等都是刺激，作用就是让读者打起精神，读下去。但是要小心，不能让这些刺激喧宾夺主，侦探小说最大的刺激只能是解谜破案。

复仇：这个内容可以充当小说的线索，那种可以激起读者同仇敌忾的复仇是非常好的小说线索。但要注意，不要把复仇搞得像电视剧似的那么苦情，只有悲剧小说可以让人在作品上洒满泪水，过多的泪水会弄花读者解谜的眼睛。

动物：鉴于世界上有那么多的人对动物充满同情和依恋，那么在我们的作品里加入动物元素是很诱人的做法。如果决定要这么做，那么这只动物不能仅仅是走过场，所使用的动物在案件中起到的作用越大，出场的次数越多，这个角色就越容易为作品加分（当然我们也要考虑到自己创作的不是动物小说，不能喧宾夺主）。我们首先要正确选择动物，狗是最通俗也是最佳的选择，因为它与人的互动最为突出，它们热情又有趣，凭这些，狗完全可以充当侦探的伴侣，也可以充当案件的证人。选择猫的主意其次，因为这种动物生性冷漠孤僻，难以互动，但是它的形象温馨柔软，惹人怜爱，所以选择猫成为侦探的伴侣很讨喜，但是充当证人，写起来会有难度。至于其他种类的动物，由于普遍性和互动性都相对有限，所以不建议选择使用。最后，提一句忠告，虽然在小说的结尾让动物为正义的事业献身是一种很感人的方式，但是，从长久也就是从写系列小说的角度考虑，还是让动物活下来吧，让它们继续为我们的作品增加趣味和感动吧。日本作家赤川次郎在这方面就做得比较好，他曾写过一系列的侦探小说，其中用于充当线索的就是一只年近中年的三花母猫，她不仅充当了警察一家的伴侣，还经常为警察提供破案的线索。虽然这个角色有些神奇，但是却非常受读者的欢迎，所以想在自己作品中加入动物元素的朋友可以学习一下这一系列的作品。

三、特殊却又常见的题材——密室小说

最早最有名的密室小说是法国作家勒鲁的《黄室谜案》。这位勒鲁是个喜欢把事情搞得诡秘一点的作家，鼎鼎大名的《歌剧魅影》就出自他的手。

日本的侦探小说家大约是世界上最痴迷于营造密室的一群人了。去图书馆搜查一下，你会发现日系侦探小说里，密室类所占的比例大得惊人。近年来有一位日本作家森博嗣，他的《犀川与萌绘系列》作品（国内已出版），几乎本本有密室，大的密室是整个研究所，小的密室竟然是个罐子！当然，这位作家出身科学家，本身就是一个大学的副教授，选择营造密室可能是出于科学实践的角度，但是，他的这种写作爱好确实可以代表日本侦探

作家的爱好。大概每一场日本侦探小说家都把营造一座完美的密室当作自己职业生涯必须攀登的高峰了。

很多侦探小说迷，尤其是喜欢解谜的人们很欣赏日本作家的这种探索精神。但是，有更多的人不太能接受日本作家的创作痴迷，认为这类作品太学究气，太故弄玄虚，在解释密室原理的时候所费笔墨实在太多，而侦破内容相对减少，使得作品节奏太慢。另外，这个世界上，采用密室作案的案件确实很少，因为它需要事前的周密计划，而且需要高智商，还要熟知周围人们的心理，有的时候，甚至需要巧合。在这样的限制下，日本竟然会发生如此之多的密室案件，确实有些超现实了，这多少违背了侦探小说的创作初衷。

综合上述情况，你如果选择创作密室小说，一定要确保自己的作品不要偏离侦探小说的线路，不能为了写密室而写，而是要为破案而写。如果作品太过玄奥，你的作品可能会被划分到玄秘小说当中，和《鬼吹灯》、《盗墓笔记》作伴，这不一定是你最初想要的结果吧？

四、推理小说二十条准则

作为一个有志于侦探小说创作的人，不能不知道范达因所撰写的《推理小说二十条准则》，它是推理小说史上最全面、最完整、最严谨的写作戒律，同时也被奎恩等后来者奉为指导其毕生写作的“圣经”。

以下列出范达因的《推理小说的二十条准则》，供有志创作侦探小说的朋友参考（文字略做调整）：

(1) 必须让读者拥有和侦探平等的解谜机会，所有线索都必须交代清楚。

(2) 除凶手对侦探所玩弄的必要犯罪技巧之外，不该刻意欺骗或以不正当的诡计愚弄读者。

(3) 不可在故事中添加爱情成分，以免非理性的情绪干扰纯粹理性的推演。我们要的是将凶手送上正义的法庭，而不是将一对苦恋的情侣送上婚姻的圣坛。

(4) 侦探本人或警方搜查人员不可摇身变为凶手。如此等于拿一分钱铜板说它是五元金币一样，这是不实的陈述。

(5) 控告凶手必须通过逻辑推理，不可假借意外、巧

合或没有合理动机的嫌疑人自白。以后者的方式破案，无疑是故意驱使读者到一个不可能找到答案之处搜寻，等读者失败回来之后，才告诉他们答案从头到尾都在你口袋之中。这样的作者，不会比一个笑匠好到哪儿去。

(6) 推理小说必须有侦探，侦探不侦查案情就不能称之为侦探。侦探的任务是搜集一切可能的线索，再根据这些线索找出那个在故事一开始时就犯下恶行的人。如果侦探不能经由线索的分析推演出最终结论，那就如同偷看算术课本后习题答案再解题的小学生一样，不算真正解决了谜题。

(7) 推理小说中通常会出现尸体，尸体所显露的疑点愈多愈妙。缺乏凶杀的犯罪太单薄，分量太不足了。为一桩平凡的罪案写上三百页也未免太小题大做了，毕竟，读者所耗费的时间精力必须获得回馈。一桩凶狠的谋杀案会激起他们的报复之念和恐惧心理，他们希望杀人者受到法律制裁。所以，当一个“恶毒” 的谋杀案发生时，再温厚的读者都会怀抱满腔正义，热忱地追捕凶手。

(8) 破案只能通过合乎自然的方法。就推理小说而言，魔术、求神问卜、读心术、降灵符咒或水晶球等等一概列为禁忌。面对一个根据理性创作的推理故事，读者才有公平的机会参与斗智，但若和神异的世界竞争，甚至跻身四次元的穿越世界缉凶，读者等于在起跑点就注定输了。

(9) 侦探只能有一名，也就是说，负责真正推理缉凶的主角必须是独一无二的。为解决一个谜题而搬来三四名侦探，只会分散阅读的乐趣，打乱逻辑推理的脉络，更会不当地剥夺读者和侦探公平斗智的权益。侦探人数超过一名，读者会弄不清谁才是自己真正的竞争对手，这就像让一名运动员单挑一支接力赛跑队伍一样不公平。

(10) 凶手必须是小说中多少有点分量的角色才行。也就是说，凶手必须是读者有兴趣，而且多少有所了解的人物。如果小说进行到最后一章才将罪名加在一个陌生人，或一个无足轻重的角色身上，那等于是作者自认无能，不配和读者斗智。

(11) 那些做仆人的，比方说管家、脚夫、侍者、管理员、厨师等等，不可被选为凶手。因为这样的凶手太明显了，太容易被找出来，这样的处理实在无法令人满意，读者也会觉得浪费时间。凶手必须是值得花时间、花心力去找的人——通常是最不被怀疑的那个。要是凶手果真是某个卑微的奴仆，那作者实在没必要把这种故事写成书，让世人铭记于心。

(12) 就算是连续杀人命案，凶手也只能有一名。当然，凶手可以有共犯或共谋，但务必只让一人挑起全部的罪行责任，读者的所有怒火必须集中于单一的反派角色身上。

(13) 推理小说中最好不要有秘密组织、帮会或黑手党之类的犯罪团体，否则作者等于在写冒险小说或间谍小说。一件完美而悬疑的谋杀案若被这么一大批人马搅和的话，那可就无可挽回地完蛋了。当然，推理小说中的凶手仍应该有他适当的逃命机会，但如果让整个庞大的秘密组织为他撑腰，如无所不在的藏匿地点或大批人马的保护……那显然又太过头了。相信一个有自尊心的一流凶手在与侦探对决时，不会让自己披上一身无法穿透的盔甲才上场。

(14) 杀人手法和破案手法必须合理且科学。也就是说，推理小说不允许采用伪科学、纯幻想或投机的机关装置。举例来说，谋杀案的死者被才发现的新元素如超镭所杀，这就是不合理的；或者，用极其罕见甚至是作者凭空想象的毒药害死，这也不行。一个推理小说作家必须限制自己在毒药方面的想象力，所用的毒药不得逾越寻常药典的范畴。如果作者天马行空于想象世界，漫无禁忌地翱翔于不存在的时空，那就超出推理小说的界限了。

(15) 谜题真相必须明晰有条理，可让有锐利洞察之眼的读者看穿。我的意思是，在案情大白之后，读者若重读一遍小说，会清楚地发现破案的关键始终摆在他眼前，所有的线索也无一不指向同一名凶手。如果他跟侦探一样聪明的话，不必等到最后一章就可以自己破案。当然了，这样的读者的确是存在的。我对于推理小说所持的基本理论是：如果一本推理小说的架构写得够公平合理的话，要读者无法自己发现答案是不可能的。可以预期的是，一定有一部分读者和作者一样机灵。若是作者有足够的运动精神，将犯罪的计划和线索都在书中诚实地描述出来的话，这些敏锐的读者就可以和书中的侦探一样，经由分析、推理和排除法将嫌疑犯指认出来，而这正是这场游戏的趣味所在。这也可以解释为什么有些不屑看通俗文学的读者，却对看推理小说不会感到脸红的原因。

(16) 过长的叙述性文字、微妙的人物分析、过度的气氛营造或是在一些旁枝末节上玩弄文字都不应该出现在推理小说里，这些在犯罪的记录和推理的过程中完全不重要。我们的主要目的是要陈述问题，分析问题，作出圆满的推论。而上述那些文字只会阻碍情节的发展，将不相干的事情加进主题里面。当然，必要的叙述和人物的描写可以使小说更为逼真生动。当作者将故事描写得非常引人入胜时，可使读者的情绪完全投入到剧情的发展和人物的刻画上，如果能做到这一点，我们可以说作者已经将纯文学的技巧和犯罪事件所需具备的真实性相容，并发挥到同等的境界了。写推理小说是一件非常严谨的事情，读者看它并不是为了华丽的词藻，也不是为了绚丽的叙述和情绪的投射，而是为了刺激大脑所做的心智活动——就像是他们去参加球赛或玩拼字游戏一样。若在一场棒球比赛中，在换场时间对球员讲述球场的自然景色是如何美丽，这怎么能激励球员们想要赢球的决心呢？若在猜字游戏的词汇里掺杂着语言学的学术论文中所使用的艰涩字眼，这样只会使猜谜者在玩游戏的时候变得焦躁不安。

(17) 不可让职业罪犯负担推理小说中的犯罪责任。抓那些偷鸡摸狗的小偷恶棍是警察的责任，不是作家和杰出的业余侦探的事，抓小偷这类工作属于警察们的例行工作。真正吸引人的犯罪应该出自教会中某个受人尊敬的大人物，或是以慈善闻名的老太太之手才是。

(18) 在推理小说里，犯罪事件到最后绝不能变成意外或以自杀收场，这种虎头蛇尾的结局等于是对读者开了一个不可饶恕的大玩笑。要是有人买了这本书，发现里面的内容全是在骗人而要求退钱的话，任何公正的法院都会站在他那边，而将这位欺骗了忠实读者的作家予以严惩。

(19) 推理小说里的犯罪动机都是个人的。国际阴谋的政治游戏属于另外一种小说，比如像是阴谋论之类的故事。谋杀的情节必须保持一定程度上的“平易近人”，才可以反射读者的日常生活经验，使他们压抑已久的欲望和情绪有所宣泄。

(20) 以下列出几种常用的方法顺便也把我这些规则凑个整数。这些方法都已经被用烂了，一个懂得创新的推理小说家通常不会再次使用，因为所有的推理小说迷对于这几种方式都再熟悉不过了。谁要是用了它就等于是承认自己的愚蠢和缺乏创意。

（A）把案发现场所留下的烟头和嫌疑人所抽的香烟品牌做比较，借此找出凶手。

（B）假装受害者的鬼魂显灵，吓得凶手自己招认。

（C）伪造指纹。

（D）用假人来制造不在场证明。

（E）因为狗不吠，表示闯入者是熟人。

（F）一个无辜的人被认定是凶手，结果原来他是凶手的孪生兄弟或姊妹，或是长相极为酷似的亲戚。

（G）用针筒注射或是在饮料中放入迷药。

（H）警察破门进入一间上锁的房间之后，谋杀才真正开始。

（I）用相关字来测试是否有罪。

（J）使用密码或密语，最后被侦探识破。

关键词
——小说和影视剧创作中的套路

辩护律师： 这些专门为嫌疑人辩护的律师有时由嫌疑人聘用，有时由法庭指派。在某些案件当中，他们是检察官的眼中钉、肉中刺，如争议极大的美国前橄榄球明星辛普森杀妻案，辩护律师起到的作用就一直被人质疑。但辩护律师不一定就是罪犯的救星，有时候，尤其是在小说中，他们反而是罪犯的克星，所以常常因为这种原因使自己陷入危险当中。

标志： 仅供个人使用的便携式广告。常见形式有：烟斗、小胡子或者花哨的大胡子、毛线活儿、钩子手、木头腿，等等。

出租房： 为房东和房客提供了双向选择的机会。无论是小说中还是现实中，这种机会实际上使双方都有可能面临相当大的危险。双方互增危险的情况一般出现在小说或者影视当中，使得故事的可观性非常强，极为经典的惊悚电影《精神病患者》就是最好的例子。

超级乐透大奖： 这是一种彩票，奖金惊人的高，但是能得到它们的人极为罕见。这些巨额奖金完全可以改变一个人的命运——沦为杀人者或者被害人！绝大多数情况下，金钱和它惹来的祸端是成正比的，金额越大，灾祸越大。

动物： 人类沉默的伴侣，当它们变成证人时，故事会变得超有趣或者超感人。但是当动物成为证人的时候，侦探从它们身上获得证据却是一件很不容易的事，需要非常耐心才行。

多条线索： 这是构成侦探小说和影视剧的基本要素。现实世界本身就是错综复杂的，即使你是宅男宅女，不也通过网络窥探窗外的世界吗？错综复杂就是这个世界的魅力，错综复杂的多条线索是故事的魅力。

大结局： 应该发明一种书，采用一级一级揭秘解码的方式供人阅读，这样就可以防止有人提前偷看大结局了！唉，看侦探小说作弊的人实在太多了！

巴斯克威尔的猎犬： 它是福尔摩斯传奇中像牛犊一样大的猛犬，从其巨大的体型判断，它很可能是一种獒犬。这种獒犬成年后，体重可以高达 80 ~ 90 千克，对任何一个人而言，它的威慑力都极其强大。獒犬经常被训练为看家护院或狩猎的伙伴，但巴斯克威尔的猎犬不幸被恶人控制，成为在夜间出没的害人工具。

法官： 他们是在法庭上坐在所有人前方居高临下，同时面对原告和被告的权威人士。他们的座右铭是：正义、平等。不过对普通人来说，与他们打交道的可能性很小，他们在小说和影视剧中更为常见。

飞机： 一旦飞上了天，它就变成了超好的密室，到时候，人人都是嫌疑人，特好玩！不过最好还是让这种事情只在小说和影视剧中出现。

怪癖： 有的人喜欢把它叫成个性标志，有广告效应，小说和影视剧中的大侦探差不多个个都有怪癖。但从不洗自己的臭袜子不属于怪癖，它属于恶习，就是让人恶心的习惯。

警察： 进入 20 世纪中后期，他们在侦探小说中起到了福尔摩斯的作用。在实际生活中，他们其实一直都是福尔摩斯的原型。

警长： 在早期侦探小说里，他们专门负责在福尔摩斯或者波罗这些大侦探探案时帮倒忙。但到警察大显身手的时代，他们成了破案时当仁不让的主角。

JOHN DOE和JANE DOE： 这是美国警界对无名尸体的代称，前者代表男子，后者代表女子。有的时候，侦探小说或者影视将它们翻译过来变成约翰·多尔和简·多尔或者类似的名字，看到它们，你就该知道警方不知道死者的名字了。

空军一号： 美国总统的专机。不知为什么，在虚构故事中，它是罪案高发场所。

拉斯维加斯： 它是美国中西部沙漠中的城市，就美国国内人口流动性来说，它拥有最多的暂居人口。那里的一切人类行为无论善恶，都围绕赌博进行，所以那里是犯罪高发地。不过，这个世界上没有什么东西是绝对的，拉斯维加斯也诞生了史上最强的罪案调查人员，至少在电视屏幕上是这样的。

烂尾楼： 这可是监视人的好地方，也是藏匿人的好地方，那些黑暗曲折的边边角角到处隐藏着危险，实在是小说和影视剧里发生危机重重的故事的好地方。

猫： 仅代表个人的癖好，很难在破案中起到关键的作用。猫毛除外。

美女： 她们出现在小说和影视里的概率大大高于出现在现实中你身边的概率。你应该对这个统计感到幸运，因为小说和影视中的美女无一例外都会给侦探带来危险，不管是直接的危险还是间接的危险，都一样致命。

梦境： 多出现在夜晚，有的时候也有白日梦，多被称为幻觉。有的侦探小说会让梦境、幻觉为警探指明破案的方向。但在现实生活中，这种超现实的手段实在是不靠谱，毕竟，即使它能管用，也不可能像你的狗狗那样呼之即来啊！

密室： 永恒的破案谜题，多见于早期侦探小说和影视剧以及一直以来的日本侦探小说和影视剧中。事实上，只要发生了案件，就不存在什么密室杀人，预先下毒除外，所谓密室，其实来源于人类思维的盲区。要记住：只有人认为有密室，密室才存在。顺便说一下，凶手当然最喜欢人们把现场称为密室啦，花在解谜上的时间越长，他越兴奋。

密室小说家： 他们是一批在挑战自己和读者的智力水平方面前仆

后继的作家，在现今世界，选择写密室小说的人不仅应该受表扬，还应该得到钦佩。因为从19世纪以来，密室的种类不断更新，新人们能造出的密室已经少得可怜了，所以还不该表扬加钦佩一下下吗？

密室等级： 可以与飞机相媲美的密室空间是潜艇，在这两者中作案和破案都需要极大的勇气和智慧。比它们还要强的，超完美的密室是宇宙飞船之类的航天器。目前还没有哪个侦探小说家（科幻作家除外）敢挑战这一领域。

七宗罪： 这是13世纪道明会神父圣多玛斯·阿奎纳列举出的各种恶行的表现，它们分别是傲慢、妒忌、暴怒、懒惰、贪婪、贪食及色欲。这七宗罪为警探们破案提供了无数线索，也为侦探小说和影视剧提供了丰富的素材。

善意的谎言： 它们永远会让麻烦变成大麻烦，也会让短篇小说演变成长篇小说，还会让故事更有看头。看来善意的谎言还是有其存在的价值的。

失忆： 在现实中，因疾病和创伤失忆几乎没有治愈的可能。在小说和影视剧里，人们更多会因心理和生理的双重冲击而失忆，治疗的方式有时很猛烈，就是让现场重现，干脆再来一次冲击。当然，这招对假装失忆的人无效。

同谋： 他们的身形或足迹有时会出现在现场，有时根本就不会，但随着调查的进行，线索会将警探引向同谋。在侦探小说中，侦探最早抓到的一般都是同谋，至于在现实中，同谋被捕的时间不定。

雾： 据说侦探小说中的雾是海洋和犯罪带来的产物。比起某人拿着斧子在雾中潜行的场面，大侦探叼着烟斗从雾中冒出来的样子，更酷。

鲜艳的衣服： 特别鲜艳显眼的衣服往往会吸引你的眼球。而在小说中，这些衣服可以成功地混淆读者的视觉，会让人只顾盯着衣服而忽略衣服下藏着的是不是同一个人。也许，现实中也是如此。

悬念： 侦探小说的悬念过程通常为：案发——初步线索——首要嫌疑人——首要嫌疑人被洗清嫌疑——抓住罪犯——可惜他只是同谋或者帮凶——逮到元凶——又被他跑了——终于抓到元凶甚至击毙了他——他还有帮手——帮手落网——继任者出现……这个过程又名“系列小说是怎样炼成的”。

系列侦探小说： 只要有够吸引人的个性侦探，又有够讨人喜欢的助手，那么系列侦探小说很容易被创作出来。因为罪犯和案情层出不穷，作者唯一需要操心的就是照顾一下读者的口味，让故事和破案方法不要那么雷同。老实说，这个挺难的，因为创作侦探小说的大师虽然不少，挑战者却更多。

凶杀案： 又名“大案”、“重案”，调查取证的过程极为不易，有时会让人付出生命的代价。不过有的案件侦破过程颇具传奇色彩，很适合写成侦探小说，事实上很多优秀小说就取材于真实案例。唯一比侦破凶杀案更刺激的就是侦破连环凶杀案。

鹦鹉： 侦探小说里的鹦鹉无一例外都会说话，而且如果它们是被害人的宠物，它们经常会因为会说话而成为被追杀的对象。其实，它们根本不会冲着罪犯叫出那句著名的话：“某某某，你杀死了我主人。”

幽灵： 一种奇怪的生物，形体不确定，常见于小说的夜景中。出现幽灵就等于敲响有大阴谋的警钟，最后大家会发现，幽灵都是由活人装扮的，无一例外。

烟： 一种危险的东西，使用它就像使用氰化物一样危险。有的时候，似乎侦探收了烟草公司的广告费，怎么有那么多的侦探抽香烟、烟斗和雪茄？难道他们不知道点起烟草和朝自己开枪没有什么区别吗？更别提二手烟的危害了。好在现在的影视剧中的侦探抽烟的少了，这多少是个安慰吧。

医院： 多数人生死轮回的宿命地，在小说和影视剧里，这里也是进行谋杀活动的是非之地。

意料之中的过程： 这种小说影视剧前半部分的内容之所以存在，纯粹是为了给读者一些满足。但不要因此而认为它们没必要存在，因为后面出人意料的结局部分与它们有很大的关联。总之，意料之外的结局埋伏在意料之中的过程中。

意料之外的结局： 这是好的侦探小说和影视剧的必需条件。一部侦探小说和影视剧的结尾如果让人看了后说我就是这么猜来着，意味着几种可能——一，说谎；二，蒙对了；三，这不是一部好作品。最后一种可能性最大。

珠宝： 珠宝的贵重程度和它们的美丽程度不一定成正比，但一定会和它吸引罪犯的程度成正比。在侦探小说里，这些贵重小玩意儿经常没有上足够的保险。因为如果它们上足了保险，委托侦探调查的就不是珠宝的拥有者而是保险公司啦！

钟表： 以前罪犯们喜欢打碎现场的钟表，让停摆的时间为自己不在现场作证。但当刑侦鉴证变得越来越高科技的时候，这招就啥用也没有了！不过在读侦探小说时，这“招数”对你提前猜到罪犯是谁还是有帮助的。

最佳拍档： “男女搭配，干活不累”，所以，不管是犯罪还是探案，最佳拍档只能是男女组合。这一点是由爱看侦探小说和影视剧的人总结出来的。

尖刻（或是尖酸）： 幽默感的另一种形式，其特征就像一条恶犬给人讲冷笑话。

外貌： 虽然侦探小说和影视剧中的侦探大多相貌英俊或堪称美丽，但如果需要跟踪、询问时，外貌太突出可不见得是件好事，会暴露自己，可能让同性产生对立情绪……总之，外貌不是最重要的，只要有性格魅力，长得不让人看了恶心就行啦！

忠诚： 你可以按照如下顺序排列忠诚的对象——国家、民族、职业（使命）、家庭（爱情）和委托人。那如果快到结案时才发现委托人原来是个大坏蛋怎么办？向小说里的那些大侦探学习，他们都是假装若无其事地继续完成委托，然后再想法子收拾坏委托人。

傻气： 人的天分和大脑的容积一样有限，一个人不可能把所有优点都占全。如果侦探有足够的能力把案子办好，那么，生活上傻气点儿也无妨。在很多侦探小说和影视剧里，这类在生活上傻气的侦探反而能得到更多的关注，这可能是由于好人很多的缘故吧！

第三部分

那些福尔摩斯们

当然，福尔摩斯是虚构的小说人物，而且，即使他是真实人物，他也活不到现在啦！好在福尔摩斯从未真正消失，也从不会后继乏人，他们在世界各地，用各种方式，将福尔摩斯的事业进行到底！

现在让我们来看看那些福尔摩斯的故事吧！

杀手与捕快

故事要从三个人发现一股紫烟的时候说起。

这三个人一个是刑部派来的特别人物冷峰，如果他生活在现在，我们会叫他特务；一个是老捕头老邢；一个是四品大官潘先生。

故事开始的时候，他们正聚在一间厨房里，饭桌上放着吃剩下的早饭，那股紫烟正从这间厨房的烟囱里徐徐冒出。

老邢说：“两个月以来，已经发现有五起命案和这紫烟有关系，只要这紫烟燃起，不出三天就会有富商巨贾丧命。但是从没有人看见点烟的人是谁，也没有发现这五个死者之间有什么关系。”

老邢有些沮丧地说："我们对这个案子实在是一无所知。"

冷峰却不这么想，他指着桌上的碗筷："你们看，筷子放在粥碗的左边，我们的点烟人应该是个左撇子。"

没过多久，被指认的作案嫌疑人确实是个左撇子。

那是在紫烟升起的第二天，一位大富商被害死在一条小巷子里。最后看到他的人是一家早点铺的老板，他看到这位胖胖的老爷从早点铺对门的院门里出来，坐上小轿子就走了。这位老爷刚一坐上轿子，早点铺里就有个小伙子起身走了，也是朝轿子走的方向走的。他走得很匆忙，刚要的一碗汤、两个包子还没怎么吃呢。就在他俩离开后不久，远处就传来富商的惨叫声。

冷峰听完老板说的，问："这个小伙子把筷子放在碗的哪边？"

老板挠了挠头，努力想了一会儿，然后挺有把握地说："应该是放在左边了，我们家的辣椒罐是靠墙放的，正好在那张桌子的左边，我收拾桌子的时候，他用过的筷子就放在辣椒罐边上。"

就这样，左撇子的年轻武功高手成了官府追查的对象。

在追查的同时，他们也开始调查早点铺对面院子的主人，因为，富商是离开那里后才遇害的。

经过调查，老邢发现，这家院子两个月前刚换了主人，新主人是个年轻貌美的女子，自称红红。很少见她出门，不过一个小姑娘倒是常出来买些点心什么的，看样子，她是这女子家的丫鬟。曾有人听到院里有人呼她“圆圆”。

再追查下去，大家发现一个惊人的事实——六个被害人死前都曾来过这里！

这六个人来到红红家的理由很容易推测出——六个彼此素不相识的富商轮流来到一个美女家里，还能是什么原因呢！

问题是左撇子为什么要杀他们？他是杀人狂吗？他是杀手吗？还是别的？

冷峰提出了一个新见解——也许他是红红的崇拜者，妒忌任何接近她的人，所以专杀这些和红红有亲密接触的富商。

这个理论可能吗？

经过调查，冷峰的理论竟然得到了证实。

老邢在城里的线人提供了左撇子高手的线索，其实在这几个月里，来到本城的武功高手并不算多，虽然其中有不少是年轻人，但是左撇子只有一个，他叫小青，正是在第一起案发的时候来到本城的。

老邢顺藤摸瓜，很快就查出小青是陕西人，家境极好，但自从他从小就喜欢的女孩子嫁给了别人，他便离家出走，开始浪迹江湖。

至于红红，老邢这个老江湖早就猜出红红不会是本名,所以也在找人暗中调查红红的来历。这一调查不要紧,老邢发现了这个女子的惊人身世。

五年前，陕西的武林豪门世家发生一起惊天血案，一夜之间，几乎满门被杀，数名妇女受辱。据说当时只有他家的长孙媳妇幸免于难，她叫如霜。血案发生后，如霜就不知去向了。

红红的本名正是如霜。血案五年后，不知出于什么原因，她来到了这座城市，而且操起了皮肉生意，这实在是出人意料。

更出人意料的是，来自陕西的资料证实，小青昔日的恋人正是这家的长孙媳妇如霜。

小青和红红的关系证实了冷峰的设想，小青有可能真的是为了红红杀人。

于是，全城的捕快高手准备抓捕小青。

很快，线人报告，小青此时正在红红家门外的一家酒楼吃饭。听到这个消息,冷峰断然决定今晚拜访红红家,而潘先生则在外面接应。

夜幕降临，红烛高悬，小城到处歌舞升平，其中却暗藏杀机。

深夜，红红家传出一声惨叫，潘先生慌忙赶去，老邢带着众捕快从另一个方向一拥而进。

红红家客厅一片狼藉，一个人已躺在血泊当中，旁边站着一个人，手里拿着滴着鲜血的短刀。

死的人正是红红，站着的却是大家一直在追捕的小青。小青死死盯住惨死的红红，眼神呆滞。老邢手一挥，小青毫不反抗，任由捆绑。就在这时，冷峰闯了进来，看到屋里的惨状，跺脚叹道：“还是来晚了一步。我守在这里时什么也没有发生，刚离开没多久，属下就告诉我附近又有紫烟燃起，我知道此烟不祥，紧赶慢赶，还是晚了。唉，幸好，凶手被抓到了！”

仵作赶来，发现红红正是被小青手中的短刀杀死的。潘先生逼问小青，小青却好似傻了一般，一语不发，连眼珠都不会转了，只是不肯从红红的尸体旁移开。潘先生叹口气，大手一挥，让捕快把小青先押起来，日后再审。

没想到，那小青自从红红死了以后，竟然不再吃喝，牢头送进去的粥饭他连碰都不碰一下，两天的工夫，饶是他身体强健，也躺倒了，不能动弹。

众捕快都说他罪有应得，饿死也是活该，只是恐怕他熬不到在秋后处斩了，有些可惜。

不过，七桩命案有了结果，捕快们还是挺高兴的，他们终于又有喝酒解乏的理由啦！

老邢的心情却没那么畅快，凶犯明明已经被捕，他却还是一脸的心事，吃饭喝酒时也心不在焉。看他这个样子，冷峰觉得自己有义务问个究竟。

这一夜，冷峰把老邢叫到自己房里，屋子当中摆了一桌酒菜，菜很精致，酒很醇厚，炉火烧得屋子暖洋洋的，非常舒适。几杯美酒下肚，老邢才放松下来，微微斜着眼睛问冷峰：“冷大人，你有没有觉得这最后一桩案子多了一个人，少了一个人？”

“多了一个？少了一个？是这桩案子的关键吗？哦，让我想想。”

老邢没做声，自顾自又喝了一杯，咂咂嘴，连吃了三口菜，赞这红煨肘子做得十分入味。

冷峰想了半晌，忽有所悟，拿筷子蘸着酒水在桌子上写了两个字，问：“是不是这两位？”

老邢伸长脖子看了看，反问：“冷大人何来此说？”

冷峰微微一笑，不慌不忙地说：“以往，每次案发之前，潘先生都不会出现在现场附近，这回怎么这么巧他正好决定等在外面接应？”停了一下，他又接着说，“我们应该在现场找到一个怎么都不应该消失的人，可等我们出现的时候，她却不在。红红的贴身婢女怎么会不在主人身边服侍呢？圆圆她现在在哪里？为什么会不见了？她还活着吗？”

老邢看着桌上的“潘”、“圆”两个字，点点头，说：“冷大人果然英明，我想不通的正是这两点。”

“不管潘大人是不是和此案有关，案发时他离现场最近，红红的婢女如果逃离现场，最有可能被潘大人发现。这小丫鬟如果没有死，潘大人最有可能知道她在哪里。”

“不错，找到圆圆，就是此案的关键。”

两人商议完毕，老邢的心事明显撂下了，他把桌上的饭菜如风卷残云般一扫而光，告辞而出。

第二天，县衙的大牢里，潘大人独自一人来到关押小青的单间。小青脸冲里躺着，一动也不动。潘大人打发走狱卒，进到牢房，轻声说："小青，我知道凶手不是你，你只是听见呼声冲进来，却发现如霜刚刚被杀，你刚把刀从她心口拔出来想救她，我们就冲进来了。"小青动了一下，潘大人凑过去，轻声问，"小青，你看到了凶手，是不是？"

说着，他伸手探向小青的肩头……

忽的一声，小青一跃而起，眨眼之间，两人在窄小的牢房里已过手十余招，杀气之重，周围碗口粗细的铁栅栏都被扭曲得麻花一般。潘大人满脸怒容，下手绝不留情，招招直逼对方的要害，边打边说："果然是你，我……"

话音未落，老邢闯了进来，大吼："两位大人，住手，圆圆找到了！"

潘大人一惊，就在这一刹那，利刃已深深刺入他的心脏。

"你，你——"话音未落，潘大人已瞪大眼睛，死在了牢里。

冷峰喘着粗气，甩去身上的囚衣，恼火地说："老邢，你来得真是时候，我本来可以生擒他的，这下算失了手了！圆圆在哪里？”

“还没有找到，我只是想让两位大人住手才这么说……”未等老邢说完，冷峰已拂袖而去。

老邢低着头，不发一言。一个狱卒跑来报告：“小青安然无恙，冷大人早已把他移到另一间牢房里了。”老邢没说什么，只是挥挥手，让大家把潘大人收殓起来。

当晚，冷峰的房间，桌上依旧摆满酒菜，菜依旧精致，酒依旧醇厚，客人依旧是捕头老邢。

冷峰一口气干了三杯酒，猛出一口气，问老邢打算怎么向上头汇报潘大人的事。

老邢摇摇头，也饮干一杯，又干了一杯，然后才说：“冷大人，为什么要杀潘大人？”

“他知道小青看到了他行凶，要灭口。我就是担心这个，才假扮小青在牢里等他下手，没想到他连我也不肯放过。我没有想杀他的，你闯进来，我才失了手的。”

“冷大人何时失过手？你是故意的！”

冷峰沉下脸来，喝道：“老邢，你喝醉了！”

“胡说，我没喝醉，我只是不明白你为什么要杀他们？难道，你和当年白家的灭门案有关？”

冷峰一言不发，老邢没管他，继续说他的：“我对不起潘大人，我说圆圆找到了，是为了吓你，让你分心住手。圆圆确实是被潘大人藏起来了，他早就怀疑你和案子有关，你也年轻，也是案发前刚刚来到本城的，他还知道你可以熟练使用左右手。那天你来到红红家，圆圆发现气氛不对，及时逃了出来，正好碰见赶来的潘大人，潘大人当机立断把她藏了起来，预备到时候指认你。

“你也担心这个，一听我说圆圆找到了，怕潘大人当着我的面说出圆圆看到你行凶的事，就索性先杀了潘大人再说。”老邢一口气说了这许多，口也渴了，又干了一杯酒，冷峰倒是稳稳地坐在椅子上，完全不动声色，似乎没把老邢放在心上。

老邢也似乎没把冷峰放在心上，他继续说：“红红，呃，不，如霜她当年被你侮辱，却不知你是谁，最后决定舍身入了娼门，企图用这种方式查找天下男人为夫家报仇。你知道她来到这里，又发现难以忘情的小青也尾随而来，就决心嫁祸小青把这件事了了。那六个富商都是你为了嫁祸小青杀的。你就等着有一天小青在你行凶时闯进来，你知道小青一定会把刀拔出来，等他拔出来你再出现，要么当场把他杀了，要么把他当作杀人犯逮捕起来。不管怎么说，小青都百口莫辩，他是死定了的。后来你发现我起疑了，就决定尽快下手，假扮小青杀了潘大人。

“唉，冷大人啊，你太心急了点，我那时其实是怀疑你们两个人啊，而且手里没有任何证据，其实就是有证据，我一个小小捕头，又怎么能扳倒堂堂四品大员呢？可惜你心太急，下手杀了潘大人。现在，潘大人死了，你会怎么对付我呢？”

冷峰冷笑起来："不错，我是该对付你了。白家当年的案子是我做的，可惜没想到竟然有漏网的女人，我更没想到她还决心查遍天下有钱有权的男人报仇。幸好有小青这个痴情种子为我背黑锅。本来什么事都不会有的，只是你和潘大人太聪明了点，我只好先杀了潘大人，哈哈，再给你的酒里下一点点毒吧，你可不要怪我啊，要怪……"

冷峰刚说到这里，忽见面前腾起一道水帘子，眨眼间，眼睛剧痛，接着心口一凉，他伸手去摸，手刚抬起一半，就落了下来，人翻倒在地，再也爬不起来了。

老邢擦擦嘴，呸了一声："冷大人，你还是不够明察啊，要不你怎么会不知道老邢我当年在马戏班子混过，一口气含着酒不让它进肚子是我的拿手绝活啊！哼，算是便宜了你，你是死了，我还得琢磨琢磨怎么把这件案子报告给上头呢！真是麻烦。"

奎因离奇案件

第一部分：老房子在这里，金子在哪里？

在寒冷的冬天，奎因被老朋友律师索尼拉进了一桩离奇的案件当中。

老友受一个女孩儿爱丽丝之托，帮她找到了她失散多年的父亲麦休，麦休在得知女儿惦记着自己以后，非常激动，很快决定要把自己全部财产留给女儿。可就在女孩儿来到他身边的前一周，麦休突发急病死了，只留下一个大谜团给她。

原来，麦休很早以前就把自己的钱财陆陆续续换成了金子，他把所有的金子都藏在自己住的老房子里了。当他得知女儿很快就要来到自己身边之后，更坚持藏金之地只能亲自告诉女儿，即使是律师索尼也不知道老人把金子藏在哪儿了。

现在好了，爱丽丝的父亲死了，金子到底在哪里也没人知道。爱丽丝的这趟漫长旅行，除了得知金子藏在老房子里外，唯一令她欣慰的就是在父亲床边五斗柜上放着的母亲的画像了。所以爱丽丝把这唯一的收获紧紧抱在怀里，一个劲儿地说：“光是知道爸爸一直把妈妈的画像放在自己身边，我这次来就值得了。”

奎因、索尼、爱丽丝，还有为他们带路的老麦休的医生莱纳参观完老人临终时住的破烂老房子后，一起来到老房子旁边的一座白色两层小楼里。小白楼里，医生太太早就做好饭菜等着了，还有一个叫尼克的小伙子在场，医生介绍说他是自己的助手，很聪明能干，就是有点反社会的倾向。此外，楼里还住着麦休的老姐姐，自从女儿奥利维亚三年前死于车祸后，她的神志一直有些恍惚，不太适合见人。

爱丽丝把妈妈的画像稳稳地放在壁炉架上，上楼休息。再下楼时，她看上去有点儿疲倦，而且声音有些沙哑，她说自己有些感冒，结果吃完饭就由医生太太陪着上楼休息了。

晚饭后，医生为大家调酒，几个男人凑在一起边饮酒边谈起麦休的遗产。索尼指责医生对麦休的死因诊断得不明不白，还指控医生觊觎老人的财产。医生大声反驳，他看上去喝醉了，还讽刺尼克只配做个佣人。尼克脾气暴躁，听到此话，抄起酒瓶就砸了过去，医生一闪，酒瓶在壁炉前砸得粉碎。

大家不欢而散，奎因觉得心里有些不安，却又说不出为什么，只是觉得医生和尼克吵架的行为就像演戏似的，可是他们为什么要演戏给自己看呢？

第二部分：金子没找到，老房子也不见了！

奎因睡得不踏实，一早醒来就觉得哪里不对劲，还没等明白过来，就听得楼外传来索尼的惊叫声。他冲下楼，惊呆了——原本矗立在白色小楼旁边的那座破烂老楼从上到下，消失得无影无踪，就像它从未存在过似的。

有人震惊，有人害怕，有人咒骂，还有人赌咒说大家都被催眠了，眼前的一切都是幻象。

奎因的神智很清醒，他没有忘记自己的侦探身份，开始搜寻痕迹。可惜，屋外的积雪里除了有他们来时的痕迹外，没有任何东西可以解释老房子是如何失踪的。小白楼里，就像什么都没有发生过似的，一切保持着昨晚大家睡前的样子，连砸碎的酒瓶碎片都还在壁炉前呢！

难道，问题出在外面吗？也许吧，不过得先把大家安抚下来才好。

外面很冷，小白楼里很温暖，爱丽丝看起来很忧郁。

就在这时，一直没露面的老妇人走下楼，她非常消瘦，只有眼睛充满活力，死死盯住爱丽丝，嘟哝着："奥利维亚，我的小宝贝……"

医生拦阻住她，告诉她，爱丽丝不是她的女儿，是老麦休的，她认错人了。

老妇人很伤心，只得随医生太太回房了。

爱丽丝也很伤心，她想回自己家去，不要爸爸的遗产了，她可以依靠自己工作生活的。

老妇人的错认、爱丽丝的抱怨使大家绷紧的神经越发紧张，没一会儿，索尼和医生就又开始争论起来。

索尼说麦休是因为害怕住在自己身边的这些亲戚才不肯透露藏金子的地点的。原来，医生不仅是麦休的个人医生，还是他的异父兄弟。索尼指控医生不让自己有机会和老人独处，从受雇于麦休开始，他身边就始终有人跟着，不是尼克，就是医生本人，他们从一开始就监视他，防备着他。

麦休死后，索尼把自己关在老房子里找金子，整整一周，他把房子都翻过来了，就是没有金子！

索尼对奎因说："没有金子，你知道为什么吗？因为它们早就被偷了！"

医生说索尼根本就是在胡扯！

他开始控诉老麦休是个无情无义的刻薄鬼，逼自己第一任妻子离家出走，为了钱娶第二个妻子，得到钱后，就把新婚妻子和她带来的儿子一起逼走，让他们在贫困中自生自灭，漠不关心。他才不想要这种人的钱呢！绝不！

爱丽丝悲哀地看着他们吵架，说希望自己根本没来这里。

夜里，奎因无法入睡，就起床四处看看，他发现所有的房间都没有锁，尼克的房间没有人，床没有睡过的痕迹，医生也不在房间，他的床虽然睡过，但是早就凉了，显示他早就离开了床铺。

奎因记起尼克经常每隔一段时间就会消失，不知道医生是不是和他在一起。

早饭时，尼克没有来，医生又出现了，两眼都是血丝。饭后，奎因来到屋外的树林，想看看那里有没有什么东西给他指引出破案方向。

他还没来得及发现什么就遭到了袭击，昏了过去，过了挺长时间才被索尼唤醒。索尼说医生提醒大家树林里有捕兽的夹子，他才出来看看的，结果正好发现昏过去的奎因。

索尼搀着奎因回到小白楼。看到遇袭的奎因，爱丽丝有些歇斯底里，她祈求大家帮助她回家。奎因觉得这不是一件容易的事，他们没有电话，最近的社区离他们很远，路上堆满厚厚的积雪。而且因为医生承认在路上忘记加油，结果现在汽车没有汽油了。

此外，自己在树林里遭到袭击也说明，大家都被人监视着，有人不希望他们离开这里一步。

不过他还是安慰爱丽丝说他们会尽快离开的。

雪还在没完没了地下，小白楼的气氛越来越阴沉，尼克来了又消失，医生消失了又出现，索尼开始喝酒打发时间。

午夜，奎因无法入睡，就去找自己的老朋友索尼。索尼快崩溃了，他无法相信自己百战百胜的侦探朋友这回会束手无策。他发誓说如果再看不到这个事件的曙光，他一定会疯掉的。

听了他的话，奎因愣了一下，接着脸上浮现出恼人的笑容，他拍拍索尼的肩膀，让他放心去睡。

第二天，奎因很早就爬了起来，在车库里忙活，他打算修理索尼的车。他们来的时候坐的是医生的车，因为索尼说自己车出了问题，发动不起来了。奎因对汽车了解不多，但比起索尼来，要强得多了。他在引擎盖下费了很多工夫，快到傍晚时，终于发现有一条没有接上的管线，实验了一会儿，他总算让冰冷的马达转动起来了。

就在这时，尼克提着两个大罐子出现了，冷冷地看着奎因，放下罐子，说："汽油。"然后没等奎因说话就消失在车库外了。

不管尼克从哪里弄来汽油，也不管他为什么会弄到汽油，他们总算可以离开了。

奎因来到爱丽丝的房间，告诉她这个喜讯。爱丽丝非常兴奋，就在这时，她发现奎因的眼睛紧盯着脚边的地毯，一脸的震惊。

"怎么了，奎因先生？"

奎因做了一个深呼吸，说："阳光出来了。"

爱丽丝看看窗外，欢呼起来："雪停了，太阳终于出来了。"

他们迅速收拾好行李，来到楼下。爱丽丝非常开心，完全没有因放弃金子而产生的失落。她把手袋放在壁炉架上，温柔地拥抱医生太太，小心地亲吻麦休姐姐的面颊，然后拿起手袋离开了小白楼。

在他们后面，医生大声叮嘱："在车道尽头右转，一直走，别忘了。"

过了很久，天已经很黑了，他们才终于来到附近的城镇，奎因给汽车加油。另一边，索尼抚慰着爱丽丝，邀请她去自己家休息。

这时，奎因做了件很奇怪的事，他在加油站向工作人员询问了几句话，然后把车开到附近的警局呆了一会儿。爱丽丝和索尼都很惊疑。奎因没有解释，只是专心开车。过了一会儿，爱丽丝叫了起来："奎因先生，你走错了，这是我们刚刚走过的路啊！"

"没有错，我们回去。"

听到这话，爱丽丝往后一靠，脸色变得苍白，看上去奎因的念头吓坏了她。索尼也大惑不解。

奎因轻轻笑了，说："我经历了一场精彩的魔术表演，我们亲眼看见一座房子不见了。现在，我也要当一回魔术师，把房子再给大家变回来。"

第三部分：老房子回来了，金子也找到了。

奎因说到做到，等他们下车时，老房子已经摆在他们面前了，和原先一模一样，就像它从未消失过一样。旁边的小白楼也像当初那样灯火通明。里面的人还是那三个，只是他们一个个呆若木鸡，既震惊又害怕，尼克的表情更复杂些，他看上去似乎还有点解脱的样子。

这时候，一群警察尾随而来。还没等警察动手，尼克就闪电般跃出窗户，跑了个无影无踪。

等全都平静下来后，奎因向索尼承认，自己有生以来，第一次得到了上帝的帮助。

上帝的帮助？

是的。如果没有上帝插手的话，医生他们图谋财产的计划就得逞了。

奎因细细解说：在他们来到小白楼的那天，他们上楼时已是傍晚，透过自己房间的窗户，奎因看到了日落。可是第二天，也就是大家看见老房子消失的那天早上，起床的时候，他从窗户里看到了阳光洒进来！

太阳在窗边下山，又在同一扇窗边升起。这就是上帝给奎因的破案提示，帮助他了解房子怎么会消失这个谜题。

爱丽丝的房间在奎因住的房间的斜对面，如果奎因在自己房间看见日落的话，她的房间就应该是朝东的。

可是在离开小白楼的这天傍晚，奎因在她的房间里看到了阳光。

一个人的房间怎么可以今天朝东明天朝西呢！

唯一合理的解释就是，虽然房子外表相同，装潢相同，但奎因他们刚到时住的房子和他们离开时的房子，根本不是同一所房子。因为，房子与太阳的相对位置是不会变的，会移动的只有人和行李。

那天晚上，医生为大家调了酒，大家回房后睡得很沉，这是因为医生给他们下了药。等大家睡死了，医生他们一起动手，把人和行李全搬到另一座小白楼里，爱丽丝妈妈的画像、壁炉前的酒瓶碎片也都搬走了。

所以第二天没人察觉自己已经来到孪生的房子里。

奎因侃侃而谈，医生气急败坏地斥责他完全是胡说八道。

奎因反驳说，他刚才在警察局里停留时已经问过了老警察，他们都知道：麦休的爸爸是个疯狂的人，他生下的孪生子女也很疯狂，从小就彼此妒忌。最后老人干脆为他俩造了两座一模一样的房子，连里面的装潢都是一模一样的，让他俩分开住，它们唯一的区别就是麦休住的小白楼挨着老房子。这两座孪生房子相距很近，分别坐落在两条树林道路的岔路尽头，不熟悉这里的人，要是自己不开车的话，绝对不会注意到有岔路的。后来，麦休的爸爸死了，他搬进了老房子。孪生姐姐结婚后也搬离了自己的小白楼，所以两座小白楼就空下来，一直空到麦休死前一年，医生才搬过来住。

医生反驳说换房子的骗局又不可能骗人一辈子啊，自己为什么要这么大费周章。

奎因冷笑道，不需要骗一辈子，只要为自己赢得翻遍老屋找到金子的时间就足够了。

医生太太哭了起来，诉苦说：“可我们没有找到金子啊！”

医生大骂太太，然后厚颜无耻地说：“我们并没有找到金子，你没有证据证明我们谋财！”

奎因耸耸肩，说：“不错，但我可以证明你们企图害命。”

“害谁？”

“爱丽丝。”

“我？”

“不是你。你不是爱丽丝。”

这是怎么回事？

奎因解释：爱丽丝第一天到的时候，看见妈妈的画像后非常激动，紧紧搂在怀里，生怕它飞了。因为这是她妈妈年轻时的纪念品。可是，她如此珍视这件宝贝，在离开的时候，她把手袋放在画像前，走的时候，竟然连看也不看一眼，这是为什么？

因为不单这房子是假的，连这个女孩也是假的，她根本不是爱丽丝。

“我是谁呢？”

“你是奥利维亚，爱丽丝的表姐，你们确实长得有些相像。只有你妈妈没被你骗住，那天，她下楼的时候，一眼就认出了你，而我们只在昏暗的汽车和老房子与真的爱丽丝相处了短短一会儿，对她的长相并不熟悉，所以就被你骗了。刚到小白楼的那天，爱丽丝上楼后就被你们软禁起来了。我猜，你利用自己和爱丽丝长得相像的优势，早就策划好了。三年前你告诉妈妈自己死了，说明你早就计划有朝一日取代爱丽丝，等舅舅死了好继承老房子，慢慢找金子。爱丽丝的出现给你们带来了麻烦，医生又没有办法找到金子，所以你现在就等着我们一走就除掉真的爱丽丝，你就可以永远坐在爱丽丝的位置上，金子总会找到的，对吗？”

假爱丽丝没有说话，但门外传来了一个人的声音：“这个计划不会得逞的。”

大家转过头，看到另一个女孩活生生地站在那里，她的面貌和假爱丽丝确实很像，但是仔细一看，区别还是很明显的。她身边是尼克。

原来，尼克奉命监禁爱丽丝，所以他才会每天神出鬼没的，但在给这个女孩送吃送喝的时候，他竟然渐渐爱上了真正的爱丽丝，变得不忍伤害她。警察来的时候，他趁机逃出去，把爱丽丝解救了出来。

这下，指控医生他们的人证是有了。

只有索尼还闷闷不乐的，因为金子的藏匿地点还是个谜。

对此，奎因倒是早已成竹在胸，他找来爱丽丝妈妈的画像，轻轻拆开背面的板子，一大堆黄金证券飞落下来，奎因眨眨眼，笑着说：“谁说金子只能是大块大块的呢？”

房子回来了，金子也找到了。

失踪的女人

大白和小辛的侦探事务所来了位高先生，他要求寻找一个名叫一凤的年轻女人，来自她的最后信息是她嫁给了魏君来，和他生活了一段时间，搬了几次家，可前些天她失踪了。关于她的失踪，丈夫说她离家出走了，邻居则说她被丈夫杀死了。现在高先生打算请事务所找到一凤，至于为什么要找，他支吾其词，而且坚决不愿意让警察牵扯进来。

大白和小辛接下了这份工作，毕竟，私家侦探的责任不就是帮助那些不愿意让警察牵扯进来的人嘛！

不过，因为高先生支吾其词，他俩决定兵分两路，小辛出外勤，大白留在事务所调查高先生的底细。高先生不愿意让警察插手这件事，这里面肯定有文章，事务所可不愿意把自己陷进泥沼里去。

按照高先生给的地址，小辛找到魏先生，这个男人实在是个奇怪的丈夫，对自己离家出走的妻子完全无所谓的样子。他什么也没有看见，什么也没有听见，什么也没有注意到！理由是他和太太吵了一架，自己扛了条毯子跑到外面睡觉，等他早上回来，太太已经不见了。

从这位冷漠的丈夫嘴里，小辛知道的全是模棱两可的信息：一凤在深夜至早晨的某个时刻离开家，她的牙刷似乎不见了，她的衣服好像没有减少，她可能带走了一个箱子。这位丈夫唯一肯定的只有两件事：一凤没有开走汽车；他没有一凤的照片，每次吵完架后他都会烧掉妻子的照片，因为她也会烧掉自己的照片。

魏先生实在是个奇怪的丈夫。

从邻居太太那里，小辛得到的消息远比那位丈夫多。

这位太太详细地告诉小辛，那天深夜她听到从邻居家传来非常大的吵架声，接着传来一声重击和女人恐怖的尖叫，然后就再没有声音了。过了一阵子，丈夫扛着一卷地毯似的东西出来，那东西随着他的脚步还晃啊晃的，就像一个人没有生气的身体似的。他把那卷东西塞进汽车的后备箱开走了，两个小时四十分钟后才回来。

邻居太太记得一凤的长相，因为一凤长得非常漂亮，娇小的身材好极了，红发蓝眼，比得上电影明星。

比起做丈夫的，邻居太太实在更“称职”些。

离开一凤家，小辛来到最近的公车站碰运气，但那里的人很肯定地说在那天夜里没有来过像一凤这样的女人。一凤随身可能还带着衣箱，没有开车，也没有搭长途汽车，难道她搭了便车？或者还有别的可能？

回到事务所，小辛向高先生作了汇报，然后再次建议报警，高先生不肯，小辛就把这件事报告给了老熟人警察老边。老边答应第二天就去查看。

与此同时，大白那里也有了进展。她从报社熟人那里发现一凤十天前上过报纸。一个大富翁去世了，留下一块地产和一万五千块钱给远房亲戚一凤。遗嘱还说，如果一凤在富翁之前死去，这笔遗产就归另一个亲戚。记者们找到了一凤，发现她极其漂亮，就为她拍了照片，大白弄到了照片的复印件。

至于高先生，他是那位死去富翁的好友，是个精明的生意人。他为什么要找一凤呢？

大白和小辛很确定这里面有猫腻，高先生可没有助人为乐的名声！他肯出钱寻找一凤绝对是为了金钱利益。

小辛再次给老边打电话，要求第二天和老边同去。

第二天他们来到一凤家，结果大大地吃了一惊——

魏先生无影无踪，他的汽车也没影了；但照片上的女人却笑眯眯地接待了他们。她神态自若地承认自己和丈夫大吵了一架，那声巨响是她把一个衣帽架推倒造成的。吵了架，她一气之下离开了家，刚离开家就搭到了便车。

她的身心都没有遭到虐待的痕迹，不仅如此，她好像觉得这一切很好玩似的。

至于邻居太太，她忽然觉得自己的眼睛出了什么问题，那天夜里她什么也没有看清，什么都不能肯定，她已经约好了眼科大夫，要去检查下。小辛忍住劝她也去看看耳科大夫的刻薄话，和老边悻悻走人。

这边的麻烦还没结束，大白那里又有了新的麻烦——

刚刚还失踪的丈夫冒了出来，控告事务所对他进行了残酷的人身攻击，在邻居面前捕风捉影，极大地损害了他的名誉，害他在社区里没法做人。现在他要求 15 万元的赔偿！伴随这份指控的是法院的一份传票，事务所被这个魏先生告上法庭了！

大白说我们再去找一凤，带上高先生，看看他能从一凤嘴里挖出什么东西。

于是三人出发，结果这个一凤出现得突然，消失得更迅速，她再次无影无踪，只是这回她是带着皮箱坐长途汽车走的。

没找到一凤，高先生的态度变得极为恶劣，不仅拒绝支付迄今为止的费用，而且对事务所的能力大加嘲讽。

这大大激怒了两个年轻人。

他们要反击。如何反击？目前看来，只好从最初的地方查起。

他俩找到十天前采访一凤的记者，他说当时一凤并不在家，是她丈夫接待的，他说一凤在另一个城市的朋友家玩。第二天他们见到了极为漂亮的一凤，还开玩笑说她应该去当电影演员，一凤笑着说自己尝试过做模特儿和演员，只是不够成功。

他们还要来一凤那块地产的位置，小辛觉得那块地可能有文章。因为高先生不会为了一万五千块钱找一凤，但是那块地如果产石油，就好解释高先生的寻人原因了。

小辛找来懂地质的朋友做了一番细致咨询，然后出发，大白留在事务所里对付其他事。

来到一凤的地产后，小辛发现朋友说的不错，这份地产确实完全不产石油，甚至连水都打不出，以前有个老人曾试着打过一口井，最后一无所获，井倒是还留在地皮中央。小辛背着朋友帮他准备的装备冒险下到井里，下到井底果然大有所获。

回到旅馆，小辛给大白打电话，让她找到那个候补的遗产受益人。然后他接着找到一凤得知自己获得遗产时所住的地方。

那处房子当然没有人住，但是在邻居那里，小辛有了让他茅塞顿开的收获。

这个世界上到处都有把探听隐私和关心邻居混为一谈的邻居太太。就是这样一位邻居太太告诉小辛一件事：

就在十一天前，也就是一凤得到遗赠的前一天夜里，邻居听到一凤和她丈夫大吵大闹，一声重击和一声尖叫后，一切重归平静。接着丈夫扛着毯子出现，他把毯子塞进汽车后备箱后开车离开，三个半小时后才回来。第二天，记者就来了，第三天，一凤再次出现，然后她就和丈夫搬走了。

这个故事和之前小辛打探到的故事相似得让他毛骨悚然。

离开热心的邻居太太，小辛忽发奇想，跑到电话局，声称自己是搬走的一凤的丈夫，询问有没有未结清的电话费用。果然，在付了一笔小钱之后，小辛拿到了一份打出的电话号码清单。

按照清单上显示出的第十天的号码，小辛打了一个电话，接电话的是——模特和演员的职业介绍所。

接着他和大白通了电话，大白告诉他自己已经找到了那位遗产候补人，已经和她签署了一份协议。

小辛很满意大白的回复，然后马不停蹄地来到职业介绍所，找到负责人，说自己要找一个娇小可爱胆子大的年轻女郎做一份特殊工作，这个女郎必须是红发蓝眼身材劲爆的。几张照片看过，出现在小辛面前的正是他和老边在一凤家看到的那个女郎，在这个介绍所里，她叫芬达。

付出两张大钞后，小辛找到了芬达，同去的，还有老边。这回，芬达收起了迷人的笑容，把她知道的一切都说了出来。原来，魏先生找到她对她说自己要和讨厌的邻居开个玩笑，特意请她在邻居面前扮演自己的太太。老边说自己准备用妨碍司法调查为名控告她，芬达哭丧着脸说自己也不知道魏先生想开玩笑的对象竟然是警察啊！

且不说老边会怎么对付芬达，那么真正的一凤在哪里呢？

当老边带着拘捕令和芬达的证词找到魏先生时，魏先生垮了下来，他带着警察找到一凤的遗体，一凤已经在地下长眠十一天了。他交代说自己和一凤刚刚搬到新家，就在吵架时失手杀了妻子，他惊慌之下把妻子埋在一块隐蔽处，没想到第二天就有记者找上门来，说一凤继承了一笔财产，这可怎么办呢？情急之下，魏先生想到找人冒充的主意，好不容易打发走记者，他就急忙搬家溜走。但是，他还要想办法让妻子再次失踪才好，因为他不能总雇人冒充妻子啊，于是他再次“杀死”妻子，还把“她的遗体”运走了。没想到第二天，新家的邻居太太就开始打听，并且露骨地怀疑他杀了妻子，然后小辛又跑来凑热闹。魏先生故伎重演，再次雇来芬达欺骗众人。要不是高先生激怒了小辛和大白，让他们调查到底的话，魏先生的诡计就得逞了。审讯时，魏先生一个劲儿地抱怨自己运气太差，他杀一凤的行径虽然被邻居注意到却没有被怀疑，如果他只是让芬达悄悄离开，也许直到最后也没有人会怀疑他。但他偏偏让自己杀妻的情景再次“上演”，结果引起新邻居的注意，掺进来的人越来越多，事情越闹越大，最终导致自己锒铛入狱。老边问他为什么要用同样方式让假冒的女人“消失”，他也说不出像样的理由，只是觉得自己应该这样做。也许，“天网恢恢，疏而不漏”是最好的解释。

血字的研究

在《血字的研究》一案中，福尔摩斯第一次带华生出现场，读者第一次见识到福尔摩斯作为侦探的功力，他靠着在现场寻觅到的线索，在三天之内就破了这桩疑案。福尔摩斯的首次出现场堪称华丽。

我们来回顾下福尔摩斯在现场的表现和演绎出的推论吧。

当时经过一夜大雨，凶案现场外的小花园和花园内的小径都泥泞不堪。华生本以为福尔摩斯会直接奔进屋子马上动手研究。但是，福尔摩斯不仅不着急，反而显出一副漫不经心的样子，让华生有些不爽。

福尔摩斯在人行道上走来走去，茫然地注视着地面，不时抬头凝视天空、对面的房子和围墙上的木栅。看够之后，他走进花园，走到小径边的草地上，目不转睛地研究小径。当时小径的泥土路面上满是脚印，因为警察们一直在上面来来往往，华生实在想不出福尔摩斯从这些杂乱的脚印中能辨认出什么来。

看到福尔摩斯驾到，警长热情相迎，得意地说："我把一切都保持原状未动。"

福尔摩斯尖刻地指出，屋子外的小径可没有保持原状未动，就是一群水牛从上面走过也不会弄得比这更糟了。警长尴尬地把这个责任推到另一个警长身上了。

对此，福尔摩斯报以嘲弄的一笑。他虽然认为这两位警长算是警界的能干人士，但和自己比起来，他们还是一群成事不足、败事有余的家伙。

进了屋子，在看到尸体后，华生第一次震惊了，他行伍出身，见过的尸体不在少数，但从未见过如此神秘莫测的死状。他赞同两位警长所说的，这的确是件疑案，没有线索能为大家指出凶手是谁。

福尔摩斯没有理会大家的议论，而是跪在尸体跟前，全神贯注地检查着，灵敏的手指这里摸摸，那里按按，还解开死者的衣扣检查一番。他检查得非常迅速却细致认真。最后，他嗅嗅死者的嘴唇，又翻了翻他的靴子的靴底。

在他忙活的时候，两位警长也没有闲着，他们把自己找到的各种线索展示了一番，其中一位得意地向福尔摩斯展示自己的最新发现——血字。

福尔摩斯对他表示了赞赏，然后就又开始忙活起来。

他从口袋里拿出一个卷尺和一个很大的圆形放大镜，在屋子里默默地走来走去，有时站住，有时跪下，有一

次甚至趴了下来，完全忘记了周围人的存在。

他小心翼翼地测量一些痕迹间的距离，而这些痕迹是华生和警长们根本不曾看出的。令华生尤其感到不可思议的是他还测量了墙壁。后来，他非常小心地从地上什么地方捏起一小撮灰色尘土，放进一个信封里。接着，他用放大镜检查了墙壁上的血字，仔细地观察每一个字母。

最后他满意地把卷尺和放大镜装进衣袋，说出了他观察现场后得出的结论，这是整部《福尔摩斯探案集》里他第一次对凶案现场发表看法：

这是一桩谋杀案，凶手是个男人，高六英尺多（超过 183 厘米），正当中年，照他的身材来看，脚小了些，穿一双粗皮方头靴子，他抽印度雪茄烟。他是和被害者一同乘坐一辆四轮马车来的，这辆车用一匹马拉，这匹马有三个蹄铁是旧的，右前蹄的蹄铁是新的。这个凶手很可能是脸色赤红，右手指甲很长。

他的看法一说出，警长们不觉面面相觑，表示怀疑，问他为什么断言这是一桩谋杀，尸体身上没有伤口啊？

福尔摩斯果断地说："毒死的。"接着他又告诉警长不要费心去找某位小姐了，墙上的血字是德语里"复仇"的意思。

离开凶案现场后，福尔摩斯给华生解释自己的发现。

在前一夜的大雨之前，一周一直是晴天，所以屋外马路边沿的马车痕迹一定是案发那夜留下的。警长说整个早上都没有车辆来过，所以，马车不仅是案发夜在这里停留过，而且正是它把死者和那个红脸汉子送进屋子里的。关于蹄印的说法，是因为右前蹄子留下的痕迹比其他三个清晰得多，显示这个马蹄铁是新换上的。

福尔摩斯接着说，一个人的身高十有八九可以从他的步伐推断出，而且大部分人在墙壁上写字时，会把字写在和自己视线相平行的地方，现在墙壁上的字迹离地刚好六英尺，所以他的身高必然超过六英尺。

推断年龄其实也不难，一个人可以毫不费力地一步跨出四英尺半，他就不可能是个老头，花园的小径上有个宽约四英尺半的水洼，鞋印显示死者是绕过去的，穿粗皮方头靴子的人是一步跨过的，所以才说他是个正当壮年的人。

墙壁上的字是一个人用食指蘸着血写的，福尔摩斯用放大镜观察到写字时有些刷墙粉都被刮了下来，如果手指甲经过精心修饰，是不会有这种情况出现的。至于他搜集到信封里的那些灰色尘土，其实是烟灰，福尔摩斯是个雪茄烟烟灰方面的专家，辨认出它是印度雪茄烟烟灰自然是毫不费力的事。

三天后，福尔摩斯通过在报纸上登广告招聘马车夫，从而诱捕了凶手，凶手正如他所推测的那样，是个红脸壮年汉子，他为了给心上人复仇，从美国一路追踪到英国，终于报了大仇。等一切都结束了，福尔摩斯继续给华生讲述他是如何通过观察现场演绎出结论的。

他在屋外马路上发现马车的痕迹，除了看出车子是案发夜留下的，还发现马车车厢较窄，由此断定这是辆出租马车，因为当时伦敦的出租马车比自家马车车厢窄些。

花园小径上虽然布满各种足迹，但在训练有素的侦探眼里，这不算什么。福尔摩斯发现警察们穿的靴子足迹盖在两组足迹上面，可见在警察们到来之前，有两个人先到了，其中一双靴子的主人已经躺在屋里，那另一个人应该是和他同时到的，有可能就是凶手。

死者身上没有伤痕，但从他愤恨恐惧的表情来看，他在死前就已经知道自己的命运了。再嗅过死者的嘴唇，福尔摩斯闻到一股酸味，因此推论出死者应该是被迫服毒而死的。

至于为什么会发生这桩案件，福尔摩斯也是通过现场看出端倪的。

首先，这不是一桩抢劫杀人案，因为死者身上的东西没有缺少。

这也不是一桩政治暗杀案件，因为一般政治暗杀案，凶手事先会经过周密计划，一旦得手，就会按计划迅速逃走。而在这桩案件里，凶手始终从容不迫，在屋子各处都留下了足迹，再加上墙上写下的“复仇”二字，福尔摩斯更加断定这是一桩仇杀案件，只有仇杀案才会采取这种处心积虑的下毒手段。警长在现场找到一枚指环，这种指环一般用作结婚戒指，福尔摩斯由此相信，案件牵扯到一个女性，她的指环出现在现场，有可能是因为凶手和死者之间因为一个女性而有过纠纷。后来凶手的自述证实了这一点。

推导出凶手是个高个子之后，福尔摩斯彻底检查了屋子，又得出一个结论：

屋子里没有揪打的迹象，死者身上又没有伤口，那么屋子里的血迹、墙上的血字，应该是凶手本人的血液。他还发现，凡是有血迹的地方，就有凶手的足迹，这些足迹显示凶手的步伐越来越大，显示他的情绪越来越激动。综合这些发现，福尔摩斯推论出，如此大量的流血没有影响他的行动，说明他流出的是鼻血，凶手如此血液旺盛，可能是个身强力壮的红脸汉子。

最后，福尔摩斯揭示了他为什么会在广告中寻征马车夫的秘密。

在现场，他注意到拉车的马曾随便走动过，如果当时车上有马车夫的话，不可能出现这种情况。那么马车夫在哪里呢？如果不在屋里，又能在哪里呢！任何一个有理智的人，在从事如此危险的谋杀时，是绝对不会在第三者眼皮子底下采取行动的。另外，要在人口稠密的伦敦到处跟踪一个人，还有比做马车夫更好的方法吗？

考虑了这些因素，福尔摩斯才会想到要在伦敦的出租马车车夫中寻找自己的目标。

听完福尔摩斯的这些叙说，华生除了大声称赞真是妙极了外还能做些什么呢。

从此以后，华生对福尔摩斯的推理能力极度推崇，又因为福尔摩斯本人对受到公众瞩目没有兴趣，所以少不得由华生将他破案的经历写成故事发表出来，《福尔摩斯探案集》从此诞生并流传于世。

第四部分
科学福尔摩斯

一、综述

请热爱福尔摩斯破案故事的朋友们不要对破案电视剧嗤之以鼻，因为这些电视剧为广大观众开启了科学探案的大门。福尔摩斯如果生活在现代，他肯定会对科学探案极度关注的。还记得他在《血字的研究》中的初次露面吗？他看见华生很高兴，但是更为自己的科学发现而欣喜若狂！

在进入21世纪之前，破案迷们只能看侦探小说和改编的电影，由于来源有限，而且个人的时间也有限，所以，破案迷们很难系统有序地了解科学在破案中所起的重要作用。自从有了优秀的破案电视剧集，大家不仅可以了解科学探案的众多方法，而且观看这类电视剧，观众们有极强的参与感，其互动效果远远超过小说，更有利于推广科学探案。

可以说，破案电视剧对大众了解科学探案起到了启蒙作用。

你相信吗？福尔摩斯也会爱看的。

二、出现

最近十年来，喜爱侦破案件的粉丝们越来越痴迷于借助科学手段的探案。归结起来，这是由一部电视剧引起的。1999年，制片人打算拍摄一部以犯罪现场调查为题材的电视剧，电视台的负责人认为这种题材内容过于艰深，不会受到欢迎。但是，出乎这些负责人意料的是，这部名为《CSI——犯罪现场调查》的电视剧自2000年一开播就引起巨大的轰动，结果，这部电视剧一拍就是11年，而且收视率几乎年年名列前茅！

当《犯罪现场调查——拉斯维加斯》出现，并获得巨大成功后，一些搭乘快车的类似电视剧应运而生，包括纽约版和迈阿密版的《犯罪现场调查》、《海军罪案调查处》、《别对我说谎》、《寻骨识踪》，等等，其中《海军罪案调查处》近几年已经有取代《犯罪现场调查》的趋势，最近刚刚名列收视率第一位。“9·11”事件后，荧屏上，破案类电视剧几乎成为收视率的保障。我国也出现了类似的破案电视剧，如比较早期的《重案六组》也获得了较好的口碑。这几年，日本也诞生了自己的这类电视剧《神探伽利略》，而且相当受欢迎。从科学的角度来说，《神探伽利略》确实是在讲科学，里面有大量的物理学知识，主人公也是大学里的物理学教授。但从讲故事的方式来说，《神探伽利略》还是遵循着日式讲故事的传统，那是相当玄奥啊！

总之，破案类电视剧有一大群固定的粉丝团，而且粉丝大有前仆后继、源源不断的趋势。在我国，这些电视剧也有着属于自己的庞大的粉丝团，只要一谈起侦破案件来，十个年轻人中得有八个会谈起这些电视剧。

这些电视剧为什么会引起如此巨大反响呢？

原因很简单，破案电视剧为我们开辟了一条新的破案之路。

从《福尔摩斯》开始，我们所能看到的侦探小说绝大多数都是以观察、推理和追踪作为破案的不二手段，可以说，在侦探小说里，这类破案手段只是为塑造侦探形象而准备的媒介。

但是，一百多年来，罪案越来越多，犯罪手段越来越令人发指，侦探小说能呈献给大家的破案手段却没有相应的增加，这就是最近五十年来，侦探小说大师有越来越少的趋势的原因。

同时，读者也越来越难以得到满足。

所以，在这种情况下，进入新世纪后，作为破案类剧集，《犯罪现场调查》、《海军罪案调查处》、《别对我说谎》走红全世界，实在是大势所趋。

在这三部电视剧中，《犯罪现场调查》侧重于从罪案现场中获得线索；《海军罪案调查处》侧重于对罪案现场和有关人员进行周密调查而获得线索；《别对我说谎》更是神奇，它侧重调查有关人员的面部和身体所展现的心理活动，从而获得线索。

这些罪案故事中最大的线索都来自科学知识：心理侧写、法医解剖、弹道、火灾、爆炸、微量物证、汽车痕迹、血迹、毒物、虫子、电脑……无所不包。即使是一点点的碎屑，甚至是无形的气味，科学家们都能从中找出它们的属性、来源，从而使办案人员获得突破线索。

新的世纪，展现在破案迷眼前的，是令人眼花缭乱的崭新世界！

这怎么能不让大脑满足呢？

三、模式

面对如此受欢迎的破案类电视剧，我们这些破案迷当然要好好研究一下，这才有利于我们进步。

先来研究下讲故事的模式，也就是破案的模式。故事与破案的关系在于，故事是一个大圆圈，破案是一个小圆圈，讲故事的人套在大圆圈当中。

下面以一集电视剧为例，讲解它们讲故事的模式。

这类破案电视剧一般为40分钟一集，我们来把它化成6个小部分，进行解说。

(1)（1分钟）：疑案发生，主人公华丽登场，主要配角也从四面八方纷纷出现在现场。

(2)（10分钟）：大家勘察现场，搜集物证；询问目击证人与相关人员，做笔录。他们要么什么线索也没有，调查人员眼前一片茫然；要么线索错综复杂，让人毫无头绪。这时主要的对头或强势或猥琐登场，发出威胁。

(3)（10分钟）：主人公开始询问证人，调查证词是否真实。一般来说，这时候元凶已经出现，只是伪装得很好，指向他（她）的线索也是很隐蔽的，除了直觉极为敏锐的人以外，不会有人对他（她）产生怀疑。此时，主人公或主要配角的个人生活也显现出问题。

(4)（10分钟）：追踪到主要嫌疑人的重大问题，例如作伪证什么的，由此追捕到他（她），花了一段时间后调查人员意识到他并非真正的作案人。案件陷入胶着状态，主人公的压力大大增加，但此时，罪案的真相已经有所浮现。

(5)（4～7分钟）：主人公为破案重新回到物证、人证上面，终于发现了新的线索，他猛然意识到自己犯了错误，极为迅速地开始新的追捕，最后，在经历了一些危险之后，抓住了真凶。

(6)（1～2分钟）：所有调查人员聚在一起，将所有不易理解的地方解释清楚，顺便将大家生活上的变化暗示出来。

四、人物

我们接着再来研究下破案类电视剧中的人物。破案类电视剧中的人物是最为光彩的点，这是毫无疑问的，他们相当于侦探小说中的侦探，其地位等同于《福尔摩斯探案集》中的福尔摩斯与华生，我们当然要予以解释了。

资料库（一）
——主要人物

神探伽利略： 出自《神探伽利略》。此人姓汤川，这个姓可不是随便取的，他可是取自日本诺贝尔物理学奖获得者汤川秀树的姓呢。他三四十岁，刚刚走出青年时代，身材和相貌都很标致，表情冷漠，为人认真，凡事都讲究科学对待，即使是炒一个菜，他也要以科学的方式细细处理。幸好，他不是那种刻板得没有人情味儿的人，虽然对待科学以外的事情，他也确实挺冷漠的，但是一旦被牵扯进案件，他会一头钻进去，不惜冒风险，也要解决问题。另外，虽然对待向自己求救的女警察和助手很不耐烦，但必要时，他还是会安慰人家两句，或者默默弄来一份热饭什么的。

格里森： 出自《犯罪现场调查——拉斯维加斯》系列。他第一次出场的时候大约45岁，已经有发胖的趋势了，后来果然发胖了。他相貌端正，也很和善，眼神并不犀利，但是可以很专注。如果不是做这份工作，他看上去几乎是个好好先生。他一出场就有股子怪诞的幽默感：一个年轻女孩儿到他这里报到，他先是表示欢迎，然后就请这个女孩儿献血，理由是他们做实验时非常需要血，如果是用人血做实验的话，实验结果会最符合实际。可怜的女孩儿捐献出鲜血后有些低血压，于是这位好好先生递上一个小瓶子让她补补，问题是他完全不管这个女孩儿是不是吃得下去，瓶子里装的可是像蟑螂一样的虫子！女孩儿自然是敬谢不敏，他就自己吃下去一个，咬得嘎嘎响……呃，我们还是不要再说下去了。短短十分钟的戏，我们就可以了解到，格里森既是个侦探，也是个科学家，事实上，他就是个用虫子来破案的顶尖专家。对待当事人，他有人情味儿；对待案子他从不放弃，一条线索断掉了，他有本事可以再找出一条来，他坚信，总会有线索出现的，只要有线索，他迟早都能揪出罪犯来；对待下属，他有足够的耐心和信任，让下属有自由办案的空间，他只是守在他们后面提供帮助，而且只要不涉及原则问题，他对部下都会比较温和宽容。

第四部分
科学福尔摩斯

吉布斯：出自《海军罪案调查处》，被手下尊称为BOSS。他不抽烟，但是一天到晚咖啡不离手，工作之余，他把大量时间花在在地下室制造帆船上，弄得所有人都好奇他是怎么把船运出地下室的。当他做木匠的时候，就不喝咖啡了，改喝威士忌。吉布斯年纪大于37岁，小于60岁。由于他是海军陆战队队员出身，所以总是把自己的头发剃成陆战队队员的样子，他腰板笔直，相貌硬朗英俊，眼神犀利，非常吸引女性。这个家伙被叫作BOSS不是没有道理的，他像训练士兵那样训练自己的手下，非常强势，他要部下跳的时候，部下都不能问“跳多高”，而是要自己揣测出他要求自己跳多高，然后严格遵守！对待那些达不到要求的小家伙们，他会往对方的后脑勺来上一巴掌。他的部下已经被他训练得非常好了，可以做到他说半句话，部下能接着他说下半句话的程度，而且他们认为被BOSS冷酷对待很正常，如果有一天他不赏巴掌，而是嘘寒问暖的话，这些部下会非常不安，热烈期盼他赶快变回原样。部下有这样的心态不是因为这些家伙是受虐狂，而是因为吉布斯是大家的主心骨，是一个又严厉又慈爱的父亲。

莱特曼博士：出自《别对我说谎》。其人个子矮小，胡子拉碴，脾气乖戾，经常会大喊大叫，很喜欢败

坏他人的兴致而且以此为乐。他总是耸着肩膀歪着脑袋看人，企图从大家的微小表情中看出此人的真实想法和意图。他的母亲死于抑郁症引起的自杀，他对此始终耿耿于怀，为没有看出母亲的自杀意图而责备自己，这就是他的钻研动力。他破案时非常特殊的地方在于，因为要观察人的微小表情，所以他的工作总是会将他引导至离罪犯最近的地方。所以，不要小瞧心理学家，他们如果参与破案，面临的危险可能会更大呢！

资料库（二）
——配角（搭档们）

和古典侦探小说里的传统配角完全不同，新型电视剧里的配角不仅个性鲜明，而且个个非常聪明，具有丰富的探案常识，更难能可贵的是，他们都是坚韧不拔的人，只要案子没有破，就会不停地努力下去。他们和他们的头儿（BOSS）一样，最恨的就是留下悬案，当然啦，他们倒是不反对接下悬案，然后把它们给破了。

可以说，如果不是他们的BOSS实在了得，这些助手非喧宾夺主不可！其实，这些助手的粉丝已经一点也不少啦！

我们还是从互相搭档的方面举例吧。

1.《犯罪现场调查——拉斯维加斯》系列

萨拉： 她像一个模特那样身材修长，外形很不寻常。她直爽而勇敢，是个工作狂，可以说她的生活中除了工作几乎没有别的娱乐，为了工作她可以不眠不休，直到破案。幼年时的不幸使她很容易对被害者产生极度的同情，使工作和感情产生纠结。她在工作上唯一的天真弱点就是她相信人体自燃，而且总想证实它的存在。

沃里克： 他是一个非常帅的黑人小伙子，很聪明，能力很强，但是从一开始就总是在生活和工作上陷入麻烦中。他的麻烦和萨拉不同，萨拉会因为总是无法把握好自己的情感而陷入苦恼，他却总是因为自己的过去而陷入和上级的麻烦中，最后因此而被害。

2.《海军罪案调查处》

托尼： 他是一个狂热的电影爱好者，喜欢用电影引经据典。他外形是个英俊的男子汉，但是感情上却总被人评论为只有12岁或14岁，不过他倒是不在乎别人的这种评论。他体育系毕业，从警察转行做了调查人员，他不是科学家，但是工作能力相当强，能注意到别人注意不到的地方，直觉也特灵敏。这些和他的老板吉布斯很像，可能也是因为这个吧，吉布斯对他相当另眼相看，赏给他的巴掌比谁都多。

西瓦：她是个美丽的以色列姑娘，摩萨德杀手出身，英勇无畏，是唯一一个在格斗上可以撂倒吉布斯的人，大家打架需要保镖的时候，总是找她。她经历坎坷，感情经历不平常也不平坦，但是这些几乎没有影响她破案的热情和技巧。她和托尼两人永远都在斗嘴和互相恶作剧，但当对方面临危险时，他们可以为对方豁出命来解围。

麦基：他是电脑天才，黑客中的黑客，在最有名的理科大学获得好几个学位，工作之余属于那种宅男，只会在网络上交女友，在网络上参加友人的婚礼。因为他是后辈，长得呆呆的又不谙世事，所以他总是成为托尼和西瓦恶作剧的牺牲品，因为他总是中计，弄得吉布斯也很恼火。不过，虽然在调查罪案上他是后辈，但是他学得非常快，有的时候风头会盖过托尼和西瓦，没办法，脑子实在太好使了。除了容易中计外，他最大的缺点是怕见血，工作那么多年了，总是改不了，让他自己也很郁闷。

阿比：她是网络高手、法证鉴定方面的专家，还是世界上少数几个可以不留痕迹杀人的专家，当然她不会这么做啦。她的外表令人震惊，除了涂黑眼圈、黑嘴唇和黑指甲，几乎只穿黑白二色外，她浑身还都是文身、链条和钉子，十足的哥特吸血鬼加朋克派头。最让普通人觉得出格的是，她家的床竟然是由棺材改成的。但是没多久，大家就会发现她热衷做义工，为人热情纯真，深深地热爱工作伙伴，一有机会就会热情地拥抱大家。对待工作，她更是可以不眠不休，干脆睡在办公室的地板上。她是《海军罪案调查处》中塑造得最鲜明的形象。她很喜欢麦基，觉得和他很合得来，却又不满麦基的胆小。麦基害怕与她产生感情，总是退缩，可当他们发现对方另有男女朋友时，又会不加掩饰地吃醋。

3.《别对我说谎》

托雷斯： 她是一个年轻、美丽、丰满的拉美后裔姑娘，观察力非常敏锐。她的出场很有意思。莱特曼博士急需人才，他的合伙人就给他找到了托雷斯，当时她在机场负责安检。这两位博士在安检口围着一个公文箱嘀嘀咕咕，一副很不安的样子。托雷斯迅速意识到他们在隐瞒什么，于是叫来了保安，要他们打开公文箱，结果发现公文箱里装满了钱！莱特曼博士这才说出想劝她加入自己的团队，理由是她在安检工作中抓到的违法者是别人的七倍，而且她在观察力测评中获得了惊人的高分。托雷斯加入了莱特曼的团队，而且很快就显示出她惊人的观察能力几乎不次于莱特曼博士。托雷斯认为自己和男友交往的丰富经历锻炼了她的观察力，而莱特曼博士却认为她是在生存中锻炼出这些本领的。

4.《神探伽利略》

内海薰： 她是一个美丽天真的刑警新手，作为一个菜鸟，她认真到执拗的地步，为了劝说汤川教授加入到犯罪调查当中，她时而诚实，时而激将，时而假装软弱哭泣。当汤川教授在实验室里琢磨的时候，她会在外面辛勤奔波。虽然教授有时会责备她依赖自己，但她确实非常努力，只是因为案情总是涉及物理知识而无法充分发挥自己的能力罢了。

五、科学福尔摩斯们的故事

（一）日本式“玄奥”的科学——科学是谜底

让汤川教授非常吃惊的是，有一天，来找他求助的人居然不是阿薰，而是自己的助手。原来是助手老朋友的妻妹请求他帮助寻找自己失踪的丈夫，助手自然是没有这方面的能力，只好转而向教授求助，理由是教授曾帮助警方破获过疑案。教授听了他的话，不禁一脸的苦笑，说，寻找失踪的人可不是他擅长做的事情啊！

于是，教授转而向刑警阿薰求助。

阿薰欣然领命。来见她的女人姓高木，很年轻，她说自己的丈夫已经有三天没有回家了，以前从来没有出现过这样的事。她和丈夫是恋爱结婚的，高木先生是个很负责很有爱心的人。他在一家康复用品商店任职，主要负责卖轮椅之类的商品。他卖出商品后，依旧会去客户家里探访，由于买轮椅的人大都是老人，他会在探访的时候顺便帮助老人做做家务，高木太太就是因为这点爱上高木先生的。因此她相信高木非常爱自己，绝不会辜负自己，所以她坚信丈夫不会离家出走，而是出了什么事。

的确，这样的人怎么会做对不起妻子的事呢？想到这里，阿薰相信高木太太的担心是有道理的，于是她开始了调查。

她首先去高木工作的商店调查，理由是高木失踪的那天是工作日，也许商店里的人会了解他的行踪。商店里的人对高木的评价非常高，大家都说他是个善良的好人。当阿薰问到他的行踪时，一个职员拍拍额头说："唔，那天不是周三吗？周三下午他下班后好像总是会到兆老太太那里看看哦。"兆老太太是个独自居住的老人，住在一幢老房子里，她的家正在高木回家要经过的路上。阿薰向商店要来了兆老太太的地址，为了防备万一，她也要了高木常去探访的其他老人的地址。

但是当阿薰敲开兆老太太的家门时，开门的中年人却告诉她老人已经去世了，就在三天前。然后中年人很客气地制止阿薰进一步提问，请她离开了。

当阿薰把这天的收获告诉高木太太后，高木太太非常激动，哭泣着说高木就在那里，他一定在那里，一定是出事了。阿薰有些不知所措，不知要怎样做才能让她理智一些。就在她四处找手帕时，发现桌上摆着婴儿用品，她这才意识到高木太太已经怀孕了，她无法接受丈夫失踪的事实。看着痛苦的女人，阿薰决心要继续调查下去，给高木太太一个答案，她有权利知道自己丈夫到底出了什么事。

思索一番后，阿薰还是觉得兆老太太的死未免有些蹊跷。她的死和高木的失踪正好在同一天，好像有些巧啊！所以她下班后再次来到兆老太太的家，想再问问老人的情况。

她到兆老太太家时已经是晚上 8 点钟了，正当她想要打开车门下车时，忽见兆老太太家的大门打开，从里面鱼贯出来三个人，两男一女，他们步履匆匆，很快就消失在黑暗中。即使是在晚上，阿薰也能看出他们满脸的不安。阿薰觉得更蹊跷了，就又等了等才下车，走到门口，里面一片漆黑，看来屋里没有人了。踌躇了一阵子，阿薰有些为难，毕竟自己手里没有任何证据让她可以闯进人家里搜查。想到上司总是责备自己太鲁莽，她犹豫了一会儿，转身走到街对面。这时候，正好有一户邻居走出来遛狗，阿薰忙叫住她问兆老太太的死。邻居很愿意说一说这条街上发生的新鲜事，她说老人家里出来那三个人好像是老人的亲戚，至少其中一个是老人的侄子，他们是在老人去世前几天搬来的，平时很少露面。邻居前去吊唁的时候，他们表现得很冷淡，就像是在敷衍。对了，邻居接着说了件让阿薰很在意的事，她说自从老人去世后，每天一到晚上 8 点，他们三个人就会离开家，一直到 11 点半或 12 点才回来。每天都是这样。

阿薰问他们在老人去世前有没有像这样外出过，邻居说没有，因为她总是这个时间出来遛狗。老人去世前她可以看得见老人家里灯火通明，老人去世后才起了变化的。

是这样啊！阿薰谢了邻居，假装要离开，等邻居带着狗走远后，她悄悄溜到兆老太太家门口，想在离开前再看看。就在这时，兆老太太家里传来一阵微弱的呜咽声，声音时大时小，时远时近，哽哽咽咽，令人毛骨悚然。阿薰感觉自己汗毛都竖起来了，想闯进去看个究竟，却又不敢，本来她就在忌惮上司会说她任性胡来，现在屋子里面还传出这么吓人的声音，她觉得自己还是先回去比较好些。

当她把这天的收获讲给高木太太听的时候，高木太太极其激动，她一口咬定那声音是她丈夫在呼唤她，要她为自己昭雪。说着说着她就要去兆老太太家，阿薰吓坏了，连忙阻止，高木太太怎么也听不进去。最后，阿薰只好答应她，第二天她会陪高木太太一起去。

第二天晚上，阿薰和高木太太等那三个人离开后，悄悄潜入兆老太太家。

一进屋子，她们就惊呆了：屋子里每一个地方，屋顶、房梁、楼梯、柜子，从玄关到卫生间，每一个角落，都贴满了镇鬼的符咒，还没等她俩从震惊中缓过来，屋子忽然猛烈震动起来，就像地震了似的。几乎就在同时，那个声音再次响了起来，因为是在屋子里，声音听起来更清晰，也更吓人，就像有鬼贴在她俩的耳朵上一阵阵喘息、一阵阵哀鸣似的。阿薰猛喘一口气，刚想安慰高木太太别怕，震动着的符咒突然飘了起来，碰到阿薰她俩的后脖子。这两个年轻女人顿时魂飞魄散，惊叫一声，落荒而逃。

可见，即使是刑警，也是怕鬼的。

惊魂未定的阿薰带着高木太太直接去找自己的老救星——汤川教授。每次遇到不可解释的疑难现象，汤川教授总是能帮助她解开谜团，证实那不过是一些可以用科学解释的现象罢了。阿薰虽然不相信什么鬼神存在，可这回她实在想不出除了闹鬼还能有什么其他解释。不过，也许汤川教授知道那是怎么回事。

汤川教授还是一贯的冷静，听完阿薰的话后，完全不动声色地说："哦，是这样啊，那我明天也去看看吧。"听到教授这么说，阿薰顿时有了胆子，表示自己也要跟着去。教授耸耸肩表示无所谓，反正有个刑警跟着，万一被人家抓住，也好有个解释。

第二天晚上，他们来到兆老太太家门外，等那三个人离开。教授看着那三个人惊慌的样子，轻轻皱起眉头，但没有说什么。

进到屋子后，一切不正常又再次发生了，符咒飘飞、房屋震动、神鬼哭叫，一阵接着一阵，好像还一阵紧似一阵。阿薰虽然很害怕，但是只要看到教授冷静的样子，她就镇定下来，跟在教授后面四处观察。

汤川教授楼上楼下走了一圈后，在楼下站住，侧耳倾听“鬼”的啜泣呜咽，似乎在辨别鬼的位置。阿薰拽拽他的胳膊，指指手表，意思是该走了。教授点点头，带头离开。

夜色清朗宁静，给人慰藉。阿薰知道，汤川教授如果没有把握，是不会说什么的，但是这回不一样，这可是“闹鬼”啊，教授也许会说些什么吧。可是阿薰刚张开口，教授就拦住她，问她是不是可以找到市政单位调出档案来看。阿薰嗫嚅了一会儿，同意第二天带教授去问问看。

第二天，他们来到市政规划的办公室，阿薰以调查为名，要求看档案。办事员倒还爽快，很快就按教授的要求找来兆老太太家附近这历年的市政施工图。图纸一共有三张，一张是 50 年前的，那时候老人家附近还是一片荒凉；第二张是 20 年前的，那里已经是一片住宅区了；第三张是最近几年的。教授把这几张图纸摊开在桌子上，不时比对下，研究了一阵子，直起腰平静地说：“是这样啊！”

“是哪样啊？教授，您是不是有什么发现了？不是闹鬼吗？”

“你希望是闹鬼吗？”

“呃，也不是啦。只是……不是闹鬼，怎么会有那么多符咒啊？”

“有符咒就会闹鬼吗？你在本末倒置吧！”

呃，也对哦！一般来说，阿薰是个好刑警，追踪罪犯时从来都是锲而不舍，但一碰上所谓“超自然现象”的时候，她就会出现暂时性的神志不清。现在，既然汤川教授这么说，阿薰迅速整肃了头脑，意识到这件事应该还有别的解释。

是什么力量能让一整座房子震动起来，还发出阵阵呜咽呢？

一天后，阿薰好说歹说，请来上司陪同教授，齐齐来到“闹鬼”的屋子。

但是这回他们提前了一会儿，没有等那三个人离开后再来。

阿薰的上司第一次看见这所房子内部的怪异景象，不过即使他再震惊，也没有那三个人表现得那么惊惶。阿薰开门见山，提出自己的怀疑。兆老太太的侄子极力反驳，说自己根本就不认识什么高木，也从来没有见过他。阿薰指出高木公司的人都说每个周三高木都会来拜访老人，顺便帮她做些家务，你们既然是在老人去世前几天就搬进来的，应该有见过高木。

这时，另一个男人说，也许那天高木刚巧遇见别的事，没有来找兆老太太，也未可知。

阿薰刚想反驳，正在这时，8 点的钟声敲起，那三个人拼命想夺门而出，却被这边三个人死死拦住。房子按时震动起来，如泣如诉，符咒漫天飞舞，上面每一个字符好像都在发出嘶嘶的呐喊……那三个人崩溃在地，尤其是侄子，更是瘫软得无法动弹。这下，阿薰他们不用怕他们跑了。

按照惯例，房子还要折腾好一阵子呢。趁这会儿工夫，汤川教授取出随身带来的工具，招呼阿薰他们过来。只见他来到一楼楼梯前，三下两下就撬开地板。地板下，露出一片刚刚浇注过的水泥地，和周围地面的颜色明显不一样。教授拿出三根撬棍，阿薰他们默默接过，三人你一下我一下地开始凿。水泥看来浇注得并不结实，没过多久，地面上就出现了空洞，三人再加把劲，猛凿了一阵子，随着洞口扩大，可以清楚地看到洞里面塞着一个大包袱，明显是人的形状。阿薰的上司看到后，直起身子，给下属打了电话。不一会儿工夫，刑警们赶到这里。

包袱被搬了上来，这时是十一点多一点儿。

奇怪的是，就在包袱被取出来那一刻，屋子的震动停止了，就像一直掌控着屋子的魂灵平息了怨气似的。

打开包袱，里面正是被谋杀的高木的遗体。至于那三个人，早就体似筛糠，拖都拖不起来了。

他们很快就说出了事情的经过。原来兆老太太的侄子不务正业，沉迷于赌博，欠下了一屁股债。另外那一男一女是放高利贷的，追着老人的侄子要钱，威胁他的小命。他没有法子，就哄骗说自己的姑姑快死了，死后会留给自己一大笔钱。结果，放高利贷的人揪住这位侄子不放，逼着他来到老人家，欺负老人年老，索性住了下来。没过两天，老人就发现他们不安好心，坚决拒绝把钱交给侄子，说自己的钱早就没有了。那个放高利贷的男人恼羞成怒，想逼她转让财产，侄子跑来劝阻。结果，推搡间，老人摔倒在地，死去了。就在大家傻眼的时候，高木正好进来，目睹了这一切，想报警，结果被做贼心虚的三人残忍杀害，还被塞进地洞，浇上了水泥。处理完一切后，这几个人才叫来救护车，正式宣布老人去世。由于老人年事已高，所以谁也没有怀疑。

那个地洞是早就有的，侄子小的时候还打开看过呢。但没想到自从老人和高木死后，这屋子就变了个样，一到晚上 8 点就开始一阵阵地哆嗦抽噎，不管贴上多少镇鬼的符咒都不管用，想来是两个人的冤魂在作祟吧。

对冤魂的说法，汤川教授自然是嗤之以鼻，说他们是做贼心虚，听风是雨。阿薰虽然有些怀疑会不会是冤魂，可见到汤川教授那么有把握地“镇住”了屋子，屋子再也没有闹腾，自然是无话可说。

不过这个时候，也该问问教授到底是怎么回事了。

汤川教授照例说："这其实很简单。"

原来，那能引起一座房子震动的神秘力量，是共振现象。兆老太太的家在初建的时候，就修有地洞。当初可能是为了修做地窖的，后来不知为什么被放弃。二十几年后，市政在住宅区改建下水管道，管道正好从她家下面经过。又过了十几年，市政在她家附近修了地铁，地铁也恰好经过她家。她家位于两条工作繁忙的巨大管道之上，本身就很容易因共振而产生震动。至于震动为什么会从8点开始，道理也很简单。在她家附近有一所相当大的工厂，每晚8点工厂下班的时候，会开始排放巨量的工业用水。大家听到的那些鬼哭狼嚎实际是从地底传来的排水声与经过的地铁共同发出的声音。

那么为什么直到兆老太太死后屋子才开始激烈震动呢？

这个原因不是很好解释，毕竟事物的发展轨迹就像投出的球，有时一个小小的因素就会让球偏离最初的轨道。据汤川教授判断，共振现象是始终存在的，而那个不小的地洞一直以来起着抑制共振的作用，但当高木的遗体被塞进地洞又被填入水泥后，地洞等于不存在了。能够抑制共振的因素也就不存在了，于是共振尽情发挥威力，屋子就变成了那个样子。

解说到这里，汤川教授挖苦了一句："对于那些完全没有科学知识的无知的人来说，闹鬼自然是这种现象的唯一合理解释。"按说这句挖苦会起作用，可惜阿薰被教授这么说惯了，完全无所谓，教授的挖苦话算是白说了。

当阿薰把这一切解释给高木太太时，高木太太非常感激，也深深地为自己的丈夫感到自豪。不过，阿薰总觉得，如果能告诉她是高木的冤魂引起了这一切的话，她会更加欣慰的。

至于老人的钱，早就被老人留给高木了，为的是感谢这个热情助人的好人。只是她还没来得及告诉高木，就因把钱留给高木而死，高木也因为照顾老人而死。他们如果死后有灵的话，在天堂也还会彼此照顾吧。

（二）美式线索的故事——科学就是线索，线索就是科学

海军医院的停车场发生了一起爆炸事件，一辆救护车被炸得面目全非，司机和他的助手因为察觉到逸出的汽油味儿及时逃出。这场爆炸唯一的受害者是一具尸体，它随汽车一起也被炸得面目全非。医院的记录显示，他生前是一名海军下士，名叫丹，死于车祸。按照海军的惯例，死者和汽车一起被送到罪案调查处接受调查。

这也许是一场意外，比如说汽车漏油，发动时引起

爆炸，救护车内的氧气瓶刚好成了助燃剂……不过，法证鉴定专家阿比很快就发现连接油箱的油管裂了，似乎是被一个脱落的螺栓磨损的，汽车的尾灯电路系统也有短路现象，但是当那条裂开的油管正好就在短路的尾灯里时，就难免让人怀疑：这真的是一场意外吗？

阿比给大家解释了救护车爆炸的过程：螺栓磨损了老化的油管，油管裂开了，车厢里开始弥漫汽油的味道，司机闻到后急忙踩刹车，尾灯短路，点燃聚集的油气，火烧起来了，使车内的氧气瓶受热，当气瓶无法承受不断增长的气体压力时，氧气瓶就爆炸了。

听完阿比的解释后，大家一致认为这不是一场意外，因为爆炸的过程实在太复杂，使它成为意外的概率大大降低。

接着，大家在现场收集到的证物中找到了残留的电子装置。看来，这绝对不是一场意外，而是一场由人操控的爆炸，操控的人显然等司机他们离开后才引爆了雷管。

这么说来，爆炸的目标只能是那具尸体啦！除了它，还有谁呢？

可是，什么人要炸一具尸体呢？难道想毁掉它？

为什么要毁掉一具尸体呢？难道是……

法医检查了尸体，死因是头部受到重击，这在车祸中很常见。不过，法医把死者的组织与医院记录的 DNA

做了比对，比对的结果显示——尸体不是丹下士的。

这样的话，毁掉尸体是不是为了掩盖尸体被调换的事实？是为了隐藏受害者的真实身份？

还有，他是谁？

吉布斯要求大家去调查处理当时车祸现场的警员以及为丹下士验尸的法医。

至于吉布斯，他要去对付丹下士的父亲。当吉布斯告诉丹的父亲，救护车里的尸体不是丹的时候，这位父亲显得很震惊。吉布斯向他保证，案件一有突破就通知他。

告别丹的父亲后，吉布斯来到医院，医生说丹当时的面目已经无法辨认，是他的伙伴指认的身份。此外，这场车祸还有一个受害者，是死者的女友，她身受重伤，还处于昏迷当中。吉布斯询问丹的伙伴的名字，医生说他现在就在医院，是来探视丹的女友的。

在病房，吉布斯见到了死者的朋友莫下士，他身材魁梧，态度非常配合，只是说话时口吃，听他陈述经过实在替他费劲。

他承认自己当时也没有办法辨认死者的面目，但是，死者穿着同样的衣服，开着同样的车，车上的女孩也是自己认识的姑娘，那么，死者不是自己的伙伴还能是谁呢？

出事的那天晚上，他们三人一起去酒吧喝酒，庆祝丹从海湾战场回来。丹当时喝得有点多了，莫下士就让丹的女友开车，他目送他们离开，然后回去继续喝酒。等他回营地的时候，路过了车祸的现场，正好赶上指认自己最好朋友的尸体。说到这里，莫下士的面孔扭曲得很厉害，显得很激动。

对吉布斯来说，弄清莫下士激动的原因不是当前最需要解决的问题，他派西瓦去询问酒吧里的人，他需要先弄清莫下士是个什么样的人。

这件事很容易就解决了。托尼跑到营地的篮球场和丹的战友们玩了一会儿就搞清楚了莫的情况。

战友们都说，丹永远都和莫在一起，莫是个像亲兄弟一样忠心耿耿的朋友。他虽然口吃得厉害，但是智商绝对一流，他是部队的拆弹专家。

回到办公室，大家聚在一起，各自阐述对案件的看法。托尼认为丹想离开军队，就伪造了自己的死亡；西瓦说莫下士可能杀了丹，因为据酒吧里的人说当晚两人之间曾发生过争斗，可莫下士却隐瞒了这件事。也许他因为这场争斗杀了丹，当他正要善后时警察赶到，他只好继续扮演好友的角色，指认丹的身份。

听到大家的说法，吉布斯开了口，问：“那这具尸体是谁呢？”

大家想了想，西瓦做了大胆的假设——也许，当时车上还有第三个乘客。因为车上只有俩人的证词是莫说的，但是莫下士的证词却没有人来证实，而且，指认尸体的也是莫，所以莫是最有可能撒谎的人。此外，他还是拆弹专家，对他来说，制作一个小炸弹毁掉救护车里的尸体易如反掌。

托尼也大胆地假设，也许丹醉酒驾车撞到一个无名者，可能会因过失杀人被判 5 ~ 10 年监禁，所以他将死者与自己的身份调换，自己逃出城，而莫下士是被他叫来帮忙的。

吉布斯让他们都闭嘴，停止假设，去查。

托尼和麦基扣押了丹的汽车，又去车祸现场搜索，看看有没有被警察遗漏的线索。然后再去医院，看看有没有可能得到丹的女友的笔录。

吉布斯又去找莫下士，莫正在为一群士兵讲述如何拆除土制炸弹。见到吉布斯，他很痛快地承认自己没有把当时的经过全说出来，他说自己打丹是想阻止他开车，因为丹喝醉了。莫下士为丹的死责备自己，说当时如果是自己开车送他们就什么事情都不会发生了。

当吉布斯说出救护车上的尸体不是丹的时候，莫看上去非常惊讶，却一言不发。

在车祸现场，托尼和麦基发现了一个小瓶子，是装止疼药的，它一定是在撞击发生时从车里甩出来的，药瓶上面还有血迹，上有莫下士的名字。

回到办公室，大家再次分享调查成果。托尼很得意，小瓶子证明出车祸时莫下士在场，所以自己所说的丹与受害人互换身份的理论是对的。

西瓦反驳说小瓶子也许是两人搏斗时从莫的兜里掉出来的。

这时阿比通知大家，汽车挡风玻璃和引擎盖上都是丹的血迹，毙掉了托尼的理论。

这回轮到西瓦得意了，她继续强调说除了莫，还有谁有技术和设备炸掉救护车呢？

吉布斯同意因此拘捕莫下士，但是看得出来，他在被什么事困扰着。

这个时候，阿比的检验取得了突破，她费尽心思，发现那一小块引爆雷管的电子装置实际是手机的电路板的残余，那是一次性使用的手机，已经没有办法从上面读取通话记录，自然也无法得知是谁使用这只手机引爆了炸弹。

但是麦基想到一个办法，他从电脑里调出炸弹引爆时打到海军医院手机区域的电话记录，发现在炸弹爆炸前只有三个手机电话打入，其中一个就是莫下士的。听到这个消息，吉布斯点点头，似乎松了口气。

医院里，丹的父亲前来探病，丹的女友情况有了好转，但是还处于昏迷中，医生很乐观地说，她很快就会苏醒了。丹的父亲点点头，看上去并没有放下心。这时候，吉布斯来到他的跟前，直截了当地询问他对莫下士的看法。

丹的父亲说莫下士就像自己的亲儿子一样，他是个好士兵，在伊拉克，他的炸弹知识解救了很多人。而且他和丹从小学起就是好朋友。

吉布斯告诉他，医院停车场发生的不是意外，而是有人蓄意引爆了炸弹。丹的父亲态度很坚决地说莫下士不可能与这件事有关，吉布斯说引爆的电话是从莫的手机打出的。丹的父亲问是什么时候，吉布斯说了电话的时间。丹的父亲摇头说那时莫正和丹的母亲在一起，从天亮前一直到中午，他一直在自责，丹的母亲一直在安慰他。

吉布斯提醒他，两人在丹死前曾打过架。丹的父亲悲伤地说："他是想阻止我的儿子喝酒，我的儿子喜欢喝酒，有时会喝得很多，莫和这事无关。"

这时，去拘捕莫下士的托尼打来电话，说莫失踪了。

回到办公室，吉布斯陷入了沉思：丹的父亲在帮莫做不在现场的证明，老丹为莫打掩护，一定是相信他没有杀自己的儿子，他能够如此信任莫，是因为他儿子还活着吗？可是在老丹胡诌什么莫正和丹的母亲在一起的时候，他脸上的悲伤却是真实的，会不会是因为他的儿子受伤了，在一家私人医院接受治疗？家长们经常用这种方式帮助孩子摆脱困境。但是还有一种可能，就是老丹在哀悼儿子，他做伪证的唯一原因就是他不相信莫下士会杀丹。

这个理由也许可以解决吉布斯的困惑。

就在吉布斯沉思的时候，托尼他们在追查莫的踪迹，他们追查莫的汽车、手机、ATM机记录，检查他的交通违章记录、手机通信和财务情况，可惜一无所获。

就在这个时候，阿比那里又传来消息，要吉布斯去找他。

阿比告诉吉布斯，她检查了托尼他们在车祸现场捡到的那个小药瓶，结果发现那上面虽然写着莫的名字，但是指纹却都是丹的。是莫把自己的止疼药给丹了吗？

不是，阿比说她检查了空瓶子里残留的药粉，结果发现那根本不是什么止疼药，而是抗排斥反应的药！丹在服用这种抗排斥反应的药的唯一理由，就是他刚刚做过器官移植手术！阿比快活地接着说自己之前做的DNA的检测之所以不是丹的，也许是因为用来做检测的组织来自被移植的器官，真该再检测一下呢！

阿比兀自喋喋不休地讲解，吉布斯早已跑得无影无踪了。

吉布斯找来老丹，他们并排坐在公园的长椅上。

吉布斯开门见山地问："你儿子在哪里做的器官移植手术？"

老丹惊愕地看着吉布斯，然后猛地转回头，说："这有什么关系？这还重要吗？"说着就想起身离开，吉布斯拦住他，说："是啊，不重要了。"

老丹说："你知道的，接受器官移植的人是不能再呆在军队里的。”

“尸体是谁？”

“一具无人认领的尸体，在等着火化，我掏钱，医院里的人帮我换了尸体上的名牌。我不会害人的。”

“你为什么要这么做呢？丹已经死了，军队不会再管他是不是做过器官移植手术了。”

老丹悲伤地看着他，什么也没说。

吉布斯点点头，明白了，说：“他们不仅是朋友，他们情同手足，是莫给了你儿子一个肾，给丹验尸的时候会发现这个。当你把器官给了一个人的时候，你也不能再服役了。”

老丹艰难地开了口：“军队对那孩子来说就是一切，是他的生命，他赌上了一切来帮助自己最好的朋友——我的儿子。”他声音哽咽起来。

“可他引爆了一个炸弹。”

老丹果断地说：“是我干的！”吉布斯要他住嘴，他凑近吉布斯，急切地接着说：“我以前也是军人，我发誓是我干的，莫和这一切没有关系。他现在就在我家里，是我让他到我家去的。”

他恳求地看着吉布斯，说：“他教给那些战士的知识在战场上会救很多人的命的。吉布斯，这件事由我来承担。”

吉布斯看着老丹坚定的面庞，问：“你儿子的尸体在哪里？”

“还在停尸间。”莫下士为了丹，冒着被迫退役的危险，捐献给丹一个肾；老丹为了莫，让他的儿子只能作为无名尸体被火化，连骨灰都无法公开认领。

看着这样的父亲，吉布斯知道自己别无选择。

回到办公大楼，吉布斯直接来到验尸间，法医想办法终于从脊骨那里弄到了一点可供检测的骨髓组织，吉布斯从他手中接过这个证物，签上自己的名字，却没有封口。在电梯里，吉布斯从衣袋里拿出刚从丹遗体上弄到的骨髓组织，和法医刚给他的组织对换过来，封好。电梯快要到阿比那里了，吉布斯狠狠打了自己后脑勺一下，想了想，又打了一下，比刚才那下还狠。如果他的手下，比如托尼敢这么私自调换证物的话，他一定会把托尼打到傻。可现在，他别无选择。

最后，大家都聚在阿比的实验室里，组织检测的结果当然不出吉布斯所料，这份证物的 DNA 结果和丹的记录是吻合的。法医大为吃惊，说：“从遗体上检测出移植过器官的人的 DNA 的可能性极小啊！”

阿比极其高兴，大呼自己的这次检测可以登上专业杂志了！

西瓦有些沮丧，说：“我们这次调查从一开始就找错方向了，不过好在线索还是有用的。”

麦基很认真地说：“是啊，线索总是会把咱们引到正确的方向的。”

托尼迷惑地问吉布斯:“那到底是谁引爆了汽车呢?”

吉布斯冷冷地说:“别问我。”然后转身而去，他不太高兴。

在这个案子里，他调换了证物；帮一个海军下士掩盖投放炸弹毁损遗体的罪行；还帮一个老兵掩盖了盗取遗体妨碍司法调查的罪行。作为一个人，他这么做也许没错，但作为一个海军罪案调查人员，不该做的事却做了这么多！他不太高兴实在是很正常的。

（三）美式科学探案的专业方式

寂寥无人的沙漠里，一个男人在铲土，铲完最后一锹土，男人松了口气，收起东西，扬长而去。

地下，一片黑暗，亮起小小的火苗，那是一个女人，颤抖的手里举着一个打火机。当她看清自己身在何方时，顿时尖叫起来。

沙漠里回荡着尖叫。

我，女性，是一个年轻的重案调查人员，不是警察，但是为警察服务。现在我正和我们的头儿一起听着电话录音。这录音我们已经听了二十遍了。

“三小时内，200 万美元，都要 100 元面额的，送到查里斯大街拐角处。不要阻止我，否则你的妻子会死的。”

声音是处理的，活像是外星人的声音。

被绑架者的丈夫姓葛雷斯，是个大富翁，现在他满脸的焦急，不断地问警察什么时候才允许他把钱送到指定的地点去。他对我们按兵不动非常不满。

他责备地看着我们，很不理解我们为什么要一而再、再而三地听录音，他说除了绑架者的要求外他什么也听不到。

我的头儿点头表示同意，确实什么也听不到。不过，在此时，什么地方会什么声音都听不到呢？

对头儿的问题，葛雷斯先生一片茫然，我可是张嘴就答："当然是在沙漠了。"

头儿满意地看了我一眼，接着又放了一遍录音，这回葛雷斯先生也支起耳朵认真听了。

听到啸声了吗？葛雷斯点点头，但显然什么也没明白。头儿和蔼地解释说这是电流的声音，这表示附近有大型的输电线路。

"那又怎么样呢？沙漠是那么的大，到处都是输电线。"葛雷斯还是急得很。头儿表示同意，并告诉这位丈夫现在要去他家调查。临走前，他安慰葛雷斯说有的时候，想快些反而会更慢。

葛雷斯的家里到处是骚乱的迹象，桌子倒了，台灯碎了，镜框歪歪扭扭地挂在墙上，满地都是碎东西。看来被绑架者还有过一番挣扎，我把这些都拍了下来，每一张照片都作了标记。

我一边拍着照片，一边念叨着：这个家伙能通过安全系统，不知是从哪个门或窗户进来的，他躲在哪里呢？除了卧室哪里都有骚乱的痕迹，骚乱是从哪里开始，又是在哪里结束的呢？

不过我的头儿完全没有反应，我知道他什么都没有听见，那么他在干什么呢？

我回过头来，正好看到他正趴在地上看什么呢！

我也凑了过去，一起趴在地上。

地上有一小撮土，再往前一点，还有一小撮，好像前面还有。这是什么？只是一般的土吗？可能不是，要不头儿不会趴在地上的。

顺着泥土，我和头儿一起“爬”到后院，后院里铺了草坪和石板，可能是为了游泳的人光脚时舒服吧。

头儿抽了抽鼻子，问我是不是喷了香水。我从不喷香水，怕影响工作。工作时我们会闻到各种各样的味道，有时你还真不知道那些是什么味儿，可不能让香水味儿再掺进去。

我也闻见了，甜丝丝的，不是香水，有股药味儿。地上有块白色的手帕，香味好像是它发出的，我用镊子捡了起来，果然是它发出的。

头儿接了过来，对药味儿他比我内行。他闻了闻，说道：“不是氯仿，好像是氟烷，不过还是去实验室确认一下才好。”我点头，把它小心地装进专装证物的透明袋子里并做好标记，那边，头儿把那些小撮的土也装了一点。

装好土，他抬头看看屋顶，屋顶是瓦片的，再看看地，后院和前院都是石板和草皮。我有些明白了，就问头儿是不是在想那些土一定是绑架者带来的。头儿赞许地看着我，可见我是他最好的学生。

调查的证物只有这一条手帕和一小撮土。

我们知道，这两样东西可以告诉我们的绝对会有很多。

但我们需要抓紧时间，随着绑架者规定时间的逼近，葛雷斯先生越来越沉不住气。他急切地表示一定要找回他的妻子，绑架者对钱的要求他可以照付，如果警察再不采取行动，他会自己去的。警察组的组长一直在竭力劝阻他，向他反复保证警察已经做好了一切准备。

在实验室里，我们暂且不管那边火上房，而是兴致勃勃地看着显微镜下的土，这土可以肯定是绑架者带来的。

显微镜清楚地显示出了土的特征。可惜我也不是地质专家，只好听头儿的讲解，他不需要地质专家也能很容易地辨认出来。

不过他说的话可是让我大吃一惊，他说那是金子，土里那些灰白的小东西是氰化物。

我目瞪口呆。

这让他很开心，他先轻轻笑了笑，然后告诉我本地产出全国 80% 的金子，可以说，这座城市到处都有金子。至于氰化物，开采金子的人把它们撒到土里，金子就能出现在土的表面。

那么说，我们住的城市是被黄金和毒药包围起来了。可这怎么能帮我们找到绑架者呢？

头儿叹口气，展开一大张地形图，在上面指点着对我说到处都是吗，不见得。

沙漠地区，再加上有大型输电线路的金矿，你猜有几个？只有三个！

下面我们要做的就是坐在直升机里面，搜寻被绑架的人了。在我们临出发时，警察组长带着一队人马守在查理斯大街的拐角处，那里有个大垃圾箱，绑架者要求把钱投入其中。组长坐在无标记的警车里，一再告诫我们要随时联系。

这是我工作以来第一次在夜间乘直升机搜寻人，我可开了眼。

直升机上的探照灯扫射着地面，但灯的视域有限。真正有用的是利用热反应追踪的仪器，只要是有热量的东西，不管是什么，它都追踪得到，这是从军队借来的。

监视屏绿莹莹的，上面有飞快活动的小东西，四条腿，那是狼。头儿向我比画着，摆了个狼嚎的姿势。我点点头，略有些欣慰，我以为这里早就没有狼了呢。

但是，茫茫沙漠，无边无际，即使我们把金矿的数目缩小到了仅仅三个，可我们一个多小时来还是一无所获。现在只剩下最后一个了，如果还没有找到被绑架的人，我们要么就得重新找起，要么就是找不到她了。

当然，还有一种可能，就是人质已经死了，没有热气了，那我们就白忙了。希望不会发生这种悲剧。

在散发着落日红光的沙漠里，我们转着最后一圈，如果再找不到，就只能把三个金矿重来一遍了。就在我焦躁不安的时候，头儿忽然拍拍驾驶员的肩膀，指给他一个方向，直升飞机盘旋而去。

突然，监视屏上出现了一个小小的蜷曲的人形，找到了。

可等我们顶着直升机螺旋桨带起的狂风，跑到目的地后，眼前却一无所有，除了沙子就是碎石，见鬼了，刚才明明看见的。

略一思索，我俩同时跑了过去，趴在地上，用双手疯狂地刨了起来，因为人质在地下。

劫持她的人真是费了不少心思，把她埋得很深，直到增援的警察赶来，我们才把受害者从一个大大的木盒子里解救出来，她的双手被胶带绑得紧紧的，眼睛也青了一大块，看上去，她受到了极大的惊吓。

幸好我们来得及时，即使盒子里有一个管子通向地面用来换气，但在沙漠，只要风沙一起，管子就完蛋了，人质很快就会死去，而且没人能找到她的尸体。

等我们灰头土脸地回到警察局时，组长也有好消息，他抓到取钱的人了，原来是葛雷斯先生的高尔夫球教练，一个人高马大的小伙子，大家都叫他奇浦。

说完这些，组长一脸的坏笑，告诉头儿很快就要审讯嫌疑人，让头儿做好准备。头儿满嘴喷着沙子问他什么准备，组长拖长声音回答说当然是洗洗，换件衣服喽。

在头儿和我看来，准备不是指洗澡换衣服，而是找到证据，越多越好，只有这样才能制伏嫌疑犯。

为人质制造“棺材”的人非常细心，盒子的里外都没有指纹。我直起身来，上下打量着盒子，思索着人们在什么地方会疏忽。我跑到一个箱子那儿，戴着手套在里面翻了一阵子，掏出了我们为救人而从盒子上拆下的铁箍条。

我在铁箍条的上面撒上镁粉，上面顿时出现了几个清晰的指纹。太好了，我拿出胶带，仔细粘在指纹上面，用拇指和食指捋平——现在我拿到指纹了，在电脑里比对一下果然就是奇浦的。

这还远远不够，但目前只有这么多证据了。时间来不及了，警察拘留他的时间快到了。

果然不出我们所料，奇浦一口咬定自己只是出于好奇才去捡的袋子，他说自己根本不知道里面有笔巨款。

至于指纹，他说自己曾经为葛雷斯先生用这个盒子搬过东西，可能是那时候留下的。

组长慈祥地听着，好像根本不是他亲手抓住了奇浦似的。他这么慈祥其实是因为他现在没办法证明这小子在撒谎。

最后，奇浦得意洋洋地离开了警察局，他说得对，我们没有证据证明是他干的。

只是现在没有。

奇浦走了，组长在他后面就像只吃饱了鲜鱼的猫那样笑着，头儿冲他伸出手，他把一盒磁带递过来，轻蔑地说那小子不懂得我们会拿磁带干什么用。

头儿带着我到了实验室，工作人员一接到磁带，就开始比对这盒磁带和绑架者的电话录音。他早就把绑架电话里的声音伪装去掉了，现在再听，声音完全是一样的。但头儿还不满意，他要用声谱分析仪再确定一下。

在声谱分析仪的显示屏上面有一条蓝线，这是绑架电话里的声音，有没有伪装在这样的仪器面前都没意义。接着他们放奇浦的录音，出现了一条黄线。

现在再开始比对，出现了一条绿线。

我以为自己看错了，哪儿来的绿线呢？

头儿解释说，蓝线叠加在黄线上，蓝加黄，等于绿色。

那就是说，我们这回逮住奇浦了。他的声音和绑架者完全一致，这回再高明的律师也没用了。

可头儿不这么看，他还是不放心，他叮嘱工作人员继续查看磁带，看看从里面还能再找出些什么来。

至于我，我的新工作是检查奇浦的汽车，它也许就是绑架时使用的汽车。

我照例开始设身处地地把自己想象成被绑架者，这样我可以更快地知道到哪里去找线索。

我把自己的手像葛雷斯太太被发现时那样缠起来，坐到汽车的后座，再换到前座。

这样检查了一会儿，我觉得有地方不对，就把头儿叫来了。

头儿来之前，我独自坐在黑乎乎的车里，紧张地整理着思路，毕竟这是件出乎意料的事啊！

头儿来的时候，我已经又把手缠了起来，坐在车的前座上。看着头儿严肃又好奇的眼睛，我咽了口吐沫，开始一边说一边演示。

我在汽车的前座找到了葛雷斯太太的头发，可在后座没有发现。问题是什么样的绑架者会把人质放在前面呢？

我坐在前座上，举起在胸前牢牢绑住的双手晃了晃，然后靠在椅背上，两个胳膊肘尽量同时向后去触碰椅背。我要让头儿看到我根本做不到，我的身高体重和葛雷斯太太相仿，如果我做不到，她也做不到。问题是我在她的两个胳膊肘处都发现了前座上才套着的羊皮的纤维，她的胳膊肘是怎样碰到座位套的？

头儿盯了我一阵子，伸手解开我被绑住的手。我的两条胳膊顺势滑到下面，自由自在地碰到了椅套。

葛雷斯太太恐怕根本就没有被绑住，而是像自由人一样正常地坐在车前座上。

现在的问题就是葛雷斯太太是被绑架了吗？她是不是自愿和奇浦走的？

还有，她是不是真的失去知觉了呢？我们得查查她的血液。那些在她家后院发现的白手帕上的氟烷如果被吸入的话，确实可以让人昏迷，它会在人的血液里留存48个小时。

听完我的话，头儿微微一笑，说刚找到葛雷斯太太时，正好抽了她的血液做检查，时间还来得及，即使到现在也不到48个小时。

我带着胜利的笑容去检查血液，离开时，组长来了，他说奇浦的律师想找警方谈谈。头儿说没什么可谈的，但是有别的证据可提供。组长好奇地问是什么，头儿说是关于葛雷斯太太的。

组长奇怪地问："受害人的证据？"

头儿冷峻地回答："不，是同谋者的。"

在最后摊牌的日子里，所有人都在场。葛雷斯先生紧紧握着太太的手，他非常想知道警方是不是能制裁奇浦。

答案是肯定的。

但是组长还要问一些问题。

首先问的就是葛雷斯太太是否和奇浦很熟。她一口否定自己和奇浦是好朋友。葛雷斯看着太太深棕色的眼睛，眼神温柔，他也坚定地说自己相信太太。葛雷斯太太得意地冲我们笑了。

头儿开始发话了："为了各种理由，人会撒谎，但证据不会撒谎。"

他站起身来，显得非常高大。他开始剥茧抽丝地讲述整起绑架事件。

葛雷斯太太想和丈夫离婚，但离婚所需的时间太长也太麻烦了。所以她决定和奇浦私奔，而且还要带走一大笔丈夫的钱。

他俩费尽心思伪造了绑架时的骚乱，还故意留下了浸透氟烷的手帕，为的是让警方相信葛雷斯太太失去了知觉。然后他们开车出了镇子，葛雷斯太太坐在前座，人是完全清醒的。

葛雷斯太太现在坐得笔直，但嘴角依旧保留着冷笑。她的丈夫却呆呆的，一会儿看着妻子，一会儿又看着头儿，完全糊涂了。

进入沙漠前，在半路上奇浦下车打了勒索电话，然后他们又继续赶了一会儿路。到了地洞的附近，奇浦随便编了个理由骗她下车，然后突然打晕了她，把她的手绑住扔进盒子里，盖上土，扬长而去。

葛雷斯太太在丈夫的注视下，无力地摸了摸脸，她咕哝着说她失去了知觉，不记得了。

头儿讥讽地接着说，显然奇浦不打算和她分享这两百万，他想独吞。

一直没说话的丈夫想开口了，可没等丈夫说话，葛雷斯太太转过身子冲他喊了起来：“这不是真的。”她的表情很凶狠。

头儿没理睬她的狂叫，只是稍微提高了些声音。首先，血液检查证明葛雷斯太太并没有失去知觉。此外有充分的证据证明她在汽车上是自由的，她是自愿和绑架者走的。

但最有力的证据是她自己提供的，我拿出了磁带。

首先播放的是奇浦勒索时的录音。他那经过掩饰的声音刚一消失，头儿就解释说这录音里面有些地方不是很清楚，有杂音，再仔细听听就会发现是一辆路过的汽车发出的声音。

接着他有些得意地说新奇的录音设备总是让人很惊奇，他做了个手势，让大家仔细听。

我在放录音之前需要说明，下面要放的录音是经过处理的，工作人员把路过的汽车发出的声音抹去了。

现在录音里清晰地传出了葛雷斯太太的声音：“奇浦，快些，有人来了。”

葛雷斯先生如坠冰窟，回头看着妻子：“你是我的生命……”他哽住了，再也无法说下去了。他的妻子现在往后一仰，靠在沙发上，厌烦地说：“算了吧，你的工作才是你的生命呢。”

这位太太在被警察带走之前，丑态毕露，叫喊着要把奇浦交给警察，她要揭发。

当她被救出时没有揭发奇浦是为了保护自己，告发奇浦就等于是告发自己。现在她不需要为保护自己而紧闭双唇了。

现在结案了。

回家休息前，头儿问我这回学到了些什么？

我说：“人们留下的线索会用上千种方法提醒着我们，我们的工作就是确定自己听到了所有的一切。”

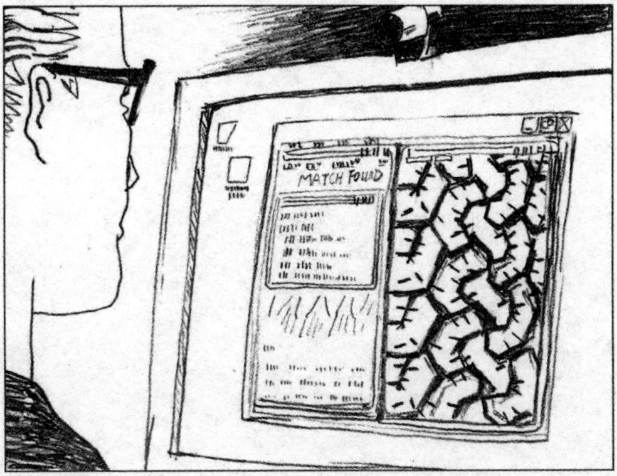

尾声
福尔摩斯的告诫

希望成为业余侦探是美好的理想，但是，侦探不是一件容易干的活儿，还记得福尔摩斯曾说过的话吗？“有人说，天才，就是无止境的吃苦耐劳的本领。这个定义下得很不恰当，但是放在侦探工作上倒还合适。”

另外，做侦探意味着你比一般人更接近危险，梦想成为侦探和真正成为侦探是两回事。如果你真的想成为侦探，而且打算付之于行动的话，就请先把这本书好好研究一下吧！

索引

A

B

C

D

E

F

G

N

P

Q

R

S

T

W

X

Y

Z

闪电球探长

我是闪电球探长。别看我长得像圆球，但我思维行动赛闪电，人人称我大神探。

特征：锃光瓦亮的光脑门和海豹一样的小胡子。

最爱的食物：各种口味的冰激凌

这几位是我的助手，分别是瞌睡虫索亚、洋葱头皮特和薯条弗里茨。他们常帮助我找到最隐秘，最细微的关键线索，和我一起侦破案件（正如你们一样）。

这位是警察局局长克劳斯，是我的上司。这位上司可不怎么好相处。他总是无法理解，调查案件是一件多么艰难又费时的事。他甚至想当然地希望案件在发生前就已经被解决掉了。

你也能成为大侦探

我很高兴《有趣的科学探案手册》这本书终于出版了，书里记录了很多科学探案需要掌握的各种知识和破案方法，当然也包括我一贯运用的逻辑思维法，以下是我行走于世界各地的侦探故事，我希望小读者能把《闪电球探长——有趣的科学探案》和这本《有趣的科学探案手册》结合在一起阅读，这样肯定会有更多的收获。

《红色的袜子》

《橙色的面具》

《黄色的珠宝箱》

《绿色的鹦鹉》

《淡紫色的手摇风琴》

《蓝色的房间》

《奇幻魔术》

《粉红色的河马》

《雪白的猫咪》

《金色的龙》

《白玉象》

《南瓜幽灵和银色喷漆》

《一密西西比河失踪案琴》

《追踪到上海》

《烟雾信号》

《网上冲浪》

《谁偷了 2013 号档案》

《蚊子帮》

《一沙漠里的海盗》

《奇异鸟案件 》

《马略卡岛上的雪》

《身披羽毛的蛇》

《眼镜蛇谜案》

《珊瑚案》

《毒面条事件 》

《犯案的犀牛》

《闪电球探长在纽约》

《闪电球探长在威尼斯》

《一闪电球探长在伊斯坦布尔》

《闪电球探长在伦敦》

《闪电球探长在巴黎》

《闪电球探长在悉尼》

《闪电球探长——有趣的科学探案》故事现已出版32本（包括6本超级版），余下6本（包括2本超级版）正在火热制作中！小侦探们请拭目以待吧！

欢迎小朋友们加入“闪电球探长少年侦探团”参加“我与闪电球探长”读书互动活动！

详细情况与更多信息，请小朋友们登录“闪电球探长”中文网站 http://www.sdqtz.cn/查看！

科学普及出版社
POPULAR SCIENCE PRESS

致小侦探们

《闪电球探长》作者
——乌瑟尔·舍弗勒

亲爱的小侦探们：

尽管我一开始非常不重视电脑，认为它没什用处，因为我觉得，最好的武器就是我聪明智慧大脑。但现在，我相信了，没有电脑，就算是最明的侦探也无法应付那么多棘手的案件和难缠罪犯。我很高兴闪电球探长建立了自己的中文站（http://www.sdqtz.cn/），通过这个网站就可以迅速快捷地联系到你们这些侦探小助手了

在侦探世界中，你们可以看到闪电球探长经过的一次次紧张而有趣的冒险。如果你们想要更地认识他和他的三位助手以及那些遍布于世界各的同事们，就快点登录网站吧。在那里，你们也发现，闪电球探长的冒险之旅已踏足世界各地，所解决的案件是多么的复杂。而且你还可以抢先到尚未出版的精彩案件，一睹为快哦！